Ivan Telfy

Chronologie und Topographie der griechischen Aussprache

Nach dem Zeugniss der Inschriften

Ivan Telfy

Chronologie und Topographie der griechischen Aussprache
Nach dem Zeugniss der Inschriften

ISBN/EAN: 9783743697959

Hergestellt in Europa, USA, Kanada, Australien, Japan

Cover: Foto ©Andreas Hilbeck / pixelio.de

Weitere Bücher finden Sie auf www.hansebooks.com

Chronologie und Topographie

der

griechischen Aussprache.

Nach dem Zeugnisse der Inschriften.

Von

Dr. **Jwán Télfy**,
Universitäts-Professor.

Saxa loquuntur.

Leipzig·
Verlag von Wilhelm Friedrich.
1893.

Einleitung.

Bisher hat man in den Abhandlungen über die griechische Aussprache mit den einzelnen Vokalen, Diphthongen und Konsonanten begonnen, wobei klassische Stellen, Inschriften, Grammatiker, Etymologien, oft ohne Rücksicht auf Zeit und Ort, vermischt angeführt wurden.

Ich versuche nun einen andern Weg einzuschlagen, nämlich den ausschliesslich auf Inschriften gegründeten chronologisch-topographischen. Dadurch gewinnt man ein klares Bild der Buchstaben-Laute seit dem VII. Jahrhundert vor Chr. bis zum IV. nach Chr.

Das Ergebniss meiner Forschung ist für die Erasmianer sehr ungünstig; die heutigen Griechen können aber mit ihrer Aussprache, welche nach inschriftlichen Urkunden ein ehrwürdig hohes Alter von 1500—2488 Jahren hat, höchst zufrieden sein. **Saxa loquuntur.**

Budapest, Herbst 1893.

Erklärung der Abkürzungen.

Bl. = Blass, über die Aussprache des Griechischen 3. Aufl. Berlin 1888.
Bo. = Bopp, kritische Grammatik der Sanskrita-Sprache. 2. Ausg. Berlin 1845.
Bö. = Böckh, Staatshaushaltung der Athener. 2. Ausg. Berlin 1851.
Bul. = Bulletin de correspondance hellénique. Athen und Paris.
Car. = Carapanos Dodone et ses ruines. Paris 1878.
CG. = Curtius, Grundzüge der griechischen Etymologie.
DC. = Dittenberger, Corpus inscriptionum Graeciae septemtrionalis. Berolini, 1891. Vol. I.
DS. = Dittenberger, Sylloge inscriptionum graecarum. Lipsiae 1883.
Eb. = Ebeling, Lexicon Homericum. Lipsiae 1885.
Fr. = Franzius, Elementa Epigraphices graceae. Berolini 1840.
K. = Kirchhoff, Studien zur Geschichte des griechischen Alphabets. 2. Aufl. Berlin, 1867.
Ka. = Kaibel, Inscriptiones graecae Siciliae et Italiae. Berolini 1890.

Kcia. = Köhler, Corpus inscriptionum atticarum Berolini.

M. = Meisterhans, Grammatik der attischen Inschriften. 2. Aufl. Berlin 1888.

Πδ. = Παπαδημητριακόπουλος· Βάσανος τῶν περὶ τῆς ἑλληνικῆς προφορᾶς ἐρασμιακῶν ἀποδείξεων. Athen 1889.

P. = Passow, Popularia carmina Graeciae recentioris. Lipsia 1860.

R. = Revue des études grecques. Paris.

Ri. = Roehl, Inscriptiones graecae antiquissimae. Berolini 1882.

S. = Sanders, Das Volksleben der Neugriechen. Mannheim 1844.

T. = Télfy, Meine Erlebnisse in Athen, Budapest, Wien, Leipzig. 1890. Verlag von Wilhelm Lauffer.

V. = Viereck, Sermo graecus quo senatus populusque romanus usi sint. Gottingae 1888.

Inhalt.

Erstes Hauptstück. Siebentes Jahrhundert v. Chr.
Thera, Teos, Kolophon, Rhodus, Attika.

Zweites Hauptstück. Sechstes Jahrhundert v. Chr.
Attika, Argos, Korinth, achaeische Kolonien, Melos, Kreta, Olympia, Phocis, Chios.

Drittes Hauptstück. Fünftes Jahrhundert v. Chr.
Tanagra, Attika, Delos, Elis, Halikarnass, Hermione, Lakonien, Naxos, Plataea, Teos, Aegina, Peloponnes, Chios, Olympia, Paros, Syphnos, Thasus.

Viertes Hauptstück. Viertes Jahrhundert v. Chr.
Boeotien, Attika, Dodona.

Fünftes Hauptstück. Drittes Jahrhundert v. Chr.
Macedonien, Attika, Nisyros.

Sechstes Hauptstück. Zweites Jahrhundert v. Chr.
Attika, Teos, Megara, Boeotien, Thessalien, Kos, Halaesa.

Siebentes Hauptstück. Erstes Jahrhundert v. Chr.
Attika, Mytilene, Karien, Mylasia, Rom, Stratonice, Neapel.

Achtes Hauptstück. Erstes Jahrhundert n. Chr.
Attika, Megara, Boeotien, Olympia, Neapel, Kyzikus, Praeneste.

Neuntes Hauptstück. Zweites Jahrhundert n. Chr.
Attika, Boeotien, Megara, Daulis, Rom, Korcyra, Puteoli.

Zehntes Hauptstück. Drittes Jahrhundert n. Chr. Attika, Boeotien, Megara.

Ellftes Hauptstück. Viertes Jahrhundert n. Chr. Gortyn, Tegea, Attika, Pisaurum.

Zwölftes Hauptstück. Alphabetische Uebersicht der Laute und ihres Alters in der Aussprache der heutigen Griechen.

Dreizehntes Hauptstück. Chronologische Uebersicht der Laute mit ihrem Alter und dem Fundort der Inschrift.

Vierzehntes Hauptstück. Topographische Uebersicht der Laute und ihres Alters.

Fünfzehntes Hauptstück. Schluss.

Erstes Hauptstück.
Siebentes Jahrhundert vor Chr.

§ 1. Olympiade 40, 1 (620 v. Chr.) Inschriften der Insel Thera haben ε statt η und ει, dann ο statt ω und ου. Das H bedeutet den Spiritus asper und auch η. Endlich kommt dort Digamma und Koppa vor. Z. B. ʽΡεξανορ = ʽΡηξάνωρ, Περαιεύς = Πειροεείς, ΠροκλHς = Προκλῆς, HεϘτορ = Ἕκπωρ, ἀFυτο = αὐτοῦ. (Fr. p. 42, 49, 50—56 und K. p. 44; I. Tafel, VIII.)

Ueber ἀFυτο sagt Fr. (p. 42) dass es wahrscheinlich so lautete, wie bei den heutigen Griechen, nämlich afftu. Auch Benfey und Andere erklären das υ des αὐτός aus dem Digamma F. Eb. unter αὐτός.)

Damals schrieb man also auf der Insel Thera diese homerischen Wörter ἄειδε, εἶδον, εἴδωλον, εἶπον, ἕκαστος, ἑλεῖν, αὔιαχος, ανερύω, λείπεν, οὐδὲν auf folgende Weise: αεδε, Fεδον, Fεδολον, Fεπον, Fεκαστος, Fελεν, αFιαχHος, αFερύω, λεπεν, οδεν. Wenn also die Schrift damals, wie die Erasmianer behaupten, phonetisch gewesen wäre, so hätten die Bewohner der Insel Thera obige Wörter phonetisch aussprechen müssen. Die Erasmianer sprechen sie aber so aus: aeide, eidon-eidōlon, eipon, hekastos, helein, auiachos und aüiakhos, auerüo und aüreüo, leipein, uden. Folglich wiederlegen sie sich selbst. Denn einerseits sagen sie, die Schrift sei phonetisch gewesen, und andererseits sprechen sie die homerischen Wörter doch anders aus, als sie im VII. Jahrhundert auf der Insel Thera geschrieben wurden.

§ 2. Olymp. 40, 1—44, 4 (620—601 v. Chr.) haben Inschriften von Teos, Kolophon, Rhodus ο statt ου und ω. (K. I. Taf. VII.) Folglich war dort die Schrift nicht phonetisch.

§ 3. In diesem Jahrhunderte wird auf attischen Vasen-Inschriften das μ und ν vor Explosivlauten weggelassen; so νύφης statt νύμφης, νύφαι statt νύμφαι, Ἀταλάτη statt Ἀταλάντη, Σφίξ statt Σφίνξ. (M. p. 64.) Dies thut auch die heutige griechische Volkssprache. Folglich sagt Bl. (p. 103) mit Unrecht, dass hierdurch die alte Aussprache verdorben sei.

§ 4. Es ist also unstreitig, dass im VII. Jahrhundert v. Chr. in Thera, Theos, Kolophon, Rhodus, Attika die Schrift nicht phonetisch war, weil sie mit der Aussprache nicht übereinstimmte. Es war nämlich

ε statt ει in Theos, Thera, Kolophon, Rhodus,
ο „ ου „ „ „ „ „

Zweites Hauptstück.
Sechstes Jahrhundert vor Chr.

§ 5. Olympiade 45 (595 v. Chr.) Auf einer korinthischen Inschrift steht ορϜος, welches dann in der Form ορβος erscheint und einen Grenzstein bedeutet. Es ist also klar, dass der Laut des β und Ϝ beinahe derselbe war. (K. p. 80, und I. Taf. XV.)

Hieher bemerkt CG. (p. 516); „besonders deutlich lässt sich der Uebergang von Ϝ in β nachweisen in der korcyräischen Form ορβος neben ορϜος."

§ 6. Olymp. 45—55 (595—560 v. Chr.) Die Inschriften der Insel Melos haben ο statt ου. (K. I. Taf. IX.)

Auf einer Inschrift von Argos steht ε statt ει, — ο statt ω. So Ποταμον = Ποτάμων, Κλετος = Κλεῖτος. Das Η ist Zeichen des

Spiritus asper, wird aber nicht immer ausgesetzt, wie Ιπομεδον = Ἱππομέδων. (Fr. p. 61.)

Hieraus muss gefolgert werden, dass der Spiritus asper damals in Argos nicht immer ausgesprochen wurde, sonst hätte sein Zeichen H der Steinmetz gewiss hingesetzt.

Auf attischen Inschriften steht ι statt ει, wie οικτίρας = οἰκτείρας, οἴκτιρον = οἴκτειρον. (M. p. 142.)

§ 7. Olymp. 50 (580—577 v. Chr.) Auf Inschriften von Kreta kommt Digamma vor, und ο statt ου, ω. (K. I. Taf. X.)

Eine aeolische Inschrift hat ebenfalls Digamma; wie Fετεα = ἔτεα, Fεπος = ἔπος, Fαργον = ἔργον. (Fr. p. 65.)

Eine korinthische Vase hat Koppa und ο statt ω, wie Ἀγαμέμνον = Ἀγαμέμνων, ΠαϘον = Πάκων. (Fr. p. 68.)

§ 8. Olymp. 52, 3—55, 1 (570—560 v. Chr.) Attische Inschriften haben ε statt ει und ο statt ου, wie μελεδαίνεν = μελεδαίνειν, μισθόντα = μισθοῦντα. (M. p. 16, 23.)

§ 9. Olymp. 60, 2 (538 v. Chr.) Auf einer Helminschrift von Olympia kommt Digamma, Koppa und ο statt ω vor; z. B. ΔιϜι τον ϱορινϑοϑεν = Διὶ τῶν Κορινϑόϑεν. (Fr. p. 72.)

§ 10. Olymp. 63 (528—525 v. Chr.) Eine attische Inschrift hat ε statt ει, η. Das H als Spiritus asper kommt einmal vor, einmal nicht. Z. B. εμι = εἰμί, Θρίες = Θρῖες, οδ = ὅδ', Ηερμες = Ἑρμῆς. (Fr. p. 100).

Damals hat man also in Attica den Spiritus asper theils ausgesprochen theils nicht. Und hinsichtlich des ει war die Schrift nicht phonetisch.

§ 11. Olymp. 67 (512—509 v. Chr.) Die Inschriften der achäischen Kolonien in Italien haben Digamma und Koppa; das H bedeutet den Spiritus asper. Das ε steht statt ει, η und das ο statt ου, ω. (K. II. Taf. X.) Folglich war die Schrift auch dort nicht phonetisch.

§ 12. Auf korintischen Inschriften dieses Jahrhunderts werden ε, ει, ι statt einander gebraucht. So steht 28 mal Ποτεδάν, viermal Ποτειδάν, zweimal Ποτιδάν, einmal Ἀφιτρέταν, fünfmal Ἀνφιτρίταν oder Ἀφιτρίταν. IIδ. p. 203.)

Attische Inschriften haben υ statt υι, so ὑός = υἱός. (M. p. 113.)

Inschriften von Chios und Phocis haben Tennis für Aspirata, wie ἄπθιτον = ἄφθιτον, καταπθιμενης = καταφθιμένης. (B. p. 119 Ri. No. 314, 382.)

Hierauf sagt zwar Bl. (p. 103) dass solche Ausnahmen nicht zählen. Das ist aber ein zu bequemes Argument, und zählt noch weniger.

In diesem Jahrhundert steht auf attischen Inschriften auch umgekehrt Aspirata für Tennis z. B. φαρθένος für παρθένος, θροφος für τροφός. (M. p. 79.) Und auf einer Inschrift von Kumae ἐθέθην für ἐτέθην. (Ka. p. 226, No. 862.)

Endlich auf attischen Inschriften dieses Jahrhundertes wird μ vor φ weggelassen. Z. B. ἀφί = ἀμφί, νύφη = νύμφη. (M. p. 64.)

Wenn also in der heutigen Volkssprache dasselbe geschieht, so nennt das Bl. (p. 103) irrthümlich eine Neuerung.

§ 13. Folglich hat man im VI. Jahrh. v. Chr. in Argos, Attika, Korinth, Kreta, Melos, in den achaeischen Kolonien Italiens die Gedichte Homers, Hesiods, Archilochs, Tyrtaeus, Alkmans, Mimnermus's, Alkaeus's, Sapphos, Solons, Anakreons, Theognis's nicht phonetisch geschrieben und nicht erasmianisch ausge-

sprochen. Denn es war
Aspirata statt tennis in Attika
ε = ει, η ⎫ Argos.
ει = ε ⎬ Attika.
ι = ει ⎭ Korinth, achaeische Kolonien.
o = ου Melos, Kreta, Attika, achaeische Kolonien.
o = ω Argos, Korinth, Olympia.
spiritus asper weggelassen Argos, Attika.
tennis statt aspirata Phokis, Chios.
υ = υι Attika.
υ = ü inschriftlich nicht erweisbar.

Drittes Hauptstück.
Fünftes Jahrhundert vor Chr.

§ 14. Olymp. 75. (480—477 v. Chr.) Inschriften von Paros und Syphnos haben Koppa, o statt $ω$, und $ω$ statt $ου$. Ebenso auf den Inschriften von Thasos. Und auf den Inschriften von Naxos $ε$ statt $αι$, und o statt $ου, ω$. (K. I. Taf. XI—XII.)

Endlich die Inschriften von Elis haben Digamma, Koppa, $ε$ statt $ει$, und o statt $ου$. (K. II. Taf. VII.)

Also wieder keine phonetische Schrift.

§ 15. Olymp. 75—87. (480—437 v. Chr.) Inschriften von Aegina haben $ε$ statt $η$ und o statt $ου, ω$. (K. I. Taf. XIX.) Folglich während 43 Jahren keine phonetische Schrift.

§ 16. Olymp. 76, 3 (474 v. Chr.) Auf einer Inschrift von Olympia bedeutet das H

den Spiritus asper, fehlt aber vor dem Artikel Z. B. *Ηιαρων* = Ἱέρων, aber *o* = ὁ. (Fr. p. 69.)

Lakonische Inschriften haben Digamma, *H* als Zeichen des Spiritus asper, ε statt η, ει, und *o* statt ου, ω. Dasselbe ist der Fall auf den Inschriften von Plataea. (K. II. Taf. IV.)

§ 17. Olymp. 76—80 (477—460 v. Chr.) Inschriften von Teos haben ε statt η, ει und *o* statt ου. Z. B. το λοιπο = τοῦ λοιποῦ, βολευοι = βουλεύοι, κενο = κείνου, εκκοψε = ἐκκόψῃ. (Fr. p. 106.) Ist das eine phonetische Schrift?

§ 18. Olymp. 87, 1 (460 v. Chr.) Auf einer attischen Inschrift kommen diese Wörter vor: Ερεχθειδος = Ἐρεχθηΐδος, το αυτο ενιαυτο = τοῦ αὐτοῦ ἐνιαυτοῦ, στρατεγον = στρατηγῶν, Μεχανιον = Μηχανίων, Αλκμεονιδες = Ἀλκμαιονίδης. (Fr. p. 113.) Also ε statt αι und η, dann *o* statt ου und ω. Besonders ist zu bemerken, dass damals in Attika das αι als ε lauten musste; denn wie hätte der Steinmetz ε statt αι setzen können, wenn er im täglichen Leben nicht immer Alkmeonides gehört hätte?

§ 19. Olymp. 82, 1 (452 v. Chr.) Eine Inschrift von Halikarnass hat in den Endungen ε statt ει, und ο statt ου. (K. p. 11.)

Auf einer attischen Inschrift stehen folgende Wörter: ακοσια = ἀκούσια, απλει = ἁπλῇ, διπλει = διπλῇ, αρχεν = ἄρχειν, σπονδον = σπονδῶν. μενος = μηνός, το = τοῦ. (Fr. p. 116.) Das heisst ε statt ει, η, — ο statt ου, ω, — ει statt η. Also wieder keine phonetische Schrift.

§ 20. Olymp. 82, 2—84, 4 (456—446 v. Chr.) Attische Inschriften haben κ statt χ und χ statt κ, Tenuis für Aspirata und umgekehrt, wie Χαλχηδόνιοι, Καλχηδόνιοι, Χαλκηδόνιοι. (M. p. 79.)

In denselben Jahren haben attische Inschriften ε statt αι, als Αὐλεᾱται = Αὐλαιᾱται (IIδ. p. 379.)

Olymp. 83, 4 (445 v. Chr.) Attische Inschriften haben ε statt ει, η, — ο statt ου. So εφεσιν εναι Αθεναζε ες τεν Ηελιαιαν = ἔφεσιν εἶναι Ἀθήναζε εἰς τήν Ἡλιαίᾱν; und ελθοσαν = ἐλθοῦσαν. (M. p. 3, 16, 21.)

Das ν der Wortendung wird vor Liquiden in μ verwandelt, als νυμ μεν = νῦν μέν, αμ μη = ἄν μή. (M. p. 85.)

Das thun die Hellenen auch heute noch nicht in der Schrift, sondern im Sprechen. Also wieder nichts Neues.

§ 21. Olymp. 84, 1 (444 v. Chr.) Attische. Inschriften haben ε statt ει, wie τελεος = τέλειος. (M. p. 33.) Wieder keine phonetische Schrift.

§ 22. Olymp. 85, 1 (440 v. Chr.) Auf einer attischen Inschrift steht Κινδυης, obgleich zehn Jahre früher ebenfalls auf einer attischen Inschrift Κυνδυης vorkommt. (M. p. 23). Also ι statt υ.

Auf einer Inschrift aus dem Peloponnes fehlt der Spiritus asper, und ε steht statt η, als ιερεσι = ιερῆσι. (Fr. p. 124.)

Die attischen Tributlisten haben Ποτιδεα statt Ποτιδαία. (Bö. II. B. p. 470 und 722), Das heisst ε = αι. Folglich hörte der Steinmetz immer nur Potidea, und nie Potidaia erwähnen, sonst hätte er nicht ε statt αι auf den Stein gesetzt. Siehe auch § 18 und 20.

Die Erasmianer sagen, dass das αι wie ai lauten musste, weil sonst unerklärlich wäre wie κἀγώ, κἄν, κἀκεῖνος aus καὶ ἐγώ, καὶ ἄν, καὶ ἐκεῖνος entstanden sei. Darauf antworten wir, dass aus καὶ εἰ nicht κᾶ sondern κεί, aus καὶ εἰς nur bei den Komikern κᾶς, bei den Tragikern aber κεῖς, aus καὶ ἱκετεύετε nicht χἀκετεύετε sondern χίκετεύετε wurde. Folglich hat das Argument der Erasmianer gar kein Gewicht; um soweniger, da auch im Sanskrit aus αι der Laut e hervorging. (Bo. p. 1, 11.)

Ebensowenig beweisst das deutsche Wort Kaiser, dass das griechische Καῖσαρ wie Kaisar lauten musste, denn im Althochdeutschen ist es Cheisar,
    im Altsächsichen Kesar,
    im Altfriesischen Keser,
    im Polnischen Cesarz,
    im Böhmischen Cisar,
    im Latainischen Caesar,
    im Ungarischen Császár, (sprich Tschāszār.)

Und wenn nach den Erasmianern Καῖσαρ wegen des deutschen Kaiser wie Kaisar lautete, so müssen sie nach derselben Logik auch zugeben, dass das griechische θήρ wie thír, nicht aber thēr, lautete; denn θήρ ist das deutsche Thier.

§ 23. Olymp. 85, 2 (439 v. Chr.) Attische Inschriften haben θ statt τ, Aspirata für Tennis.

So $ἀνεθέθη = ανετέθη, ἐνθαυθοῖ = ἐνταυ-θοῖ$. (M. p. 78).

Olymp. 86, 1 (435 v. Chr.) Auf einer attischen Inschrift steht o statt $ου$, wie $φορο = φόρου, ἀποδόναι = ἀποδοῦναι$. (Fr. p. 127, 129).

§ 24. Olymp. 86—91 (435—416 v. Chr.) Eine attische Inschrift hat $ε$ statt $η$, und o statt $ου, ω$. So: $ε βολε αὐτοκράτορ = ἡ βουλὴ αὐτοκράτωρ$. (M. p. 3.)

§ 25. Olymp. 86—94 (435—404 v. Chr.) Attische Inschriften haben $ε$ statt $ει$. Z. B. $ἐπεστάτε = ἐπεστάτει, ὀφελόμενα = ὀφειλόμενα, πόλες = πόλεις, σπέρας = σπείρας$. (Fr. p. 127.)

In denselben Olympiaden fehlt oft auf attischen Inschriften der Spiritus asper, so $αλειευσιν$ statt $ἁλιεῦσιν, οις$ statt $οἷς, ιχς$ statt $ἕξ$. (Fr. p. 111, 126.)

Folglich können die heutigen Griechen, die den Spiritus asper nicht aussprechen, auf eine zweitausenddreihundertjährige Praxis sich berufen.

§ 26. Olymp. 86, 3—93, 4 (434—405 v. Chr.) Attische Inschriften haben $ι$ statt $υ$, als

Μούνιχος, Μουνιχία, Μουνιχιών statt Μούνυχος, Μουνυχιᾶ, Μουνυχιών. (M. p. 23.)

§ 27. Olymp. 87, 1—91, 4 (432—413 v. Chr.) Attische Inschriften haben ει statt ι; wie ἀποτεῖσαι = ἀποτῖσαι. (Keia, I, 38.)

§ 28. Olymp. 87, 1 (432 v. Chr.) Eine attische Inschrift hat ο statt ου, als υποργοις = ὑπουργοῖς. (M. p. 21.)

§ 29. Olymp. 88 (428—426 v. Chr.) Auf attischen Inschriften steht μ statt ν vor β, als τημ βουλην = τὴν βουλήν. (M. p. 85.) Und ι statt ει, wie Ποσιδειον = Ποσείδιον. (M. p. 42.)

§ 30. Olymp. 89, 3 (422 v. Chr.) Attische Inschriften haben ι statt η und umgekehrt, z. B. συβινη statt συβήνη, Ιφαιστιαδων statt Ἡφαιστιαδῶν. (M. 15, 92.)

Im 4. Jahre dieser Olympiade (421 v. Chr.) steht auf attischen Inschriften ο statt οι, als ποειν = ποιεῖν, ποει = ποιεῖ. (M. 44.)

§ 31. Olymp. 90 (420 v. Chr.) Auf den Inschriften von Hermione in Argolis steht Digamma und als Aspiration H. Das ε steht statt ει und η, das ο statt ου und ω. (K. II. Taf. VI.)

Auf einer Inschrift von Delos ο statt ου,

und ε statt ει, wie λιϑο = λίϑου, εμι = εἰμί. (Fr. p. 103).

Hierher gehören auch folgende Wörter einer attischen Inschrift: εδοχσεν = ἔδοξεν, τει βολει = τῇ βουλῇ, τοι = τῷ, δεμοι = δήμῳ, ἐπεστατε = ἐπεστάτει, ἀποδοναι = ἀποδοῦναι, οφελομενα = ὀφειλόμενα, εφσεφιστο = ἐψήφιστο, τον χρεματον = τῶν χρημάτων, τουτον = τούτων, τολ λογιστον = τῶν λογιστῶν, ε βολε = ἡ βουλή, πρυτανες = πρυτάνεις, στελει = στήλῃ, εκαστοι = ἑκάστῳ, ει = ῇ. (Fr. 132.) Folglich ε = ει und η, ει = ῃ, o = ου und ω, χσ = ξ, φσ = ψ. Der Spiritus asper ist weggelassen, ausser im Pronomen οὑ.

Auf einer attischen Inschrift des 3. Jahres dieser Olympiade (418 v. Chr.) fehlt der Spiritus asper, ausser in dem Worte ιερον. (M. p. 65.

Eine andere Inschrift desselben Jahres hat ε statt ει und χσ statt ξ, z. B. εχοαλεψατο statt ἐξαλείψατο . . . (Kcia Supplem. 53.)

§ 32. Olymp. 91, 1. (416 v. Chr.) Auf attischen Inschriften steht statt ν am Wortende μ vor folgendem π. Z. B. τημ πόλιν = τὴν πολιν. (M. p. 85.)

§ 33. Olymp. 92, 3. (410 v. Chr.) Auf einer attischen Inschrift kommen diese Wörter vor: Γλαυκιππο = Γλαυκίππου, τες βολες = τῆς βουλῆς, ει = ῇ, Κλεγενες = Κλειγένης, χσυναρχοντες = ξυνάρχοντες, εκ τον = ἐκ τῶν, φσεφισαμενο το δεμο = ψηφισαμένου τοῦ δήμου, Πρασιτελειδει = Φρασιτελείδῃ, Αιυλλοι = Αιΰλλῳ, εκατομβεν = ἑκατομβήν, ετερον = ἕτερον, τριτει εμεραι = τρίτῃ ἡμέρᾳ, ενατει = ἐνάτῃ, εχ Σαμο = ἐκ Σάμου, τει αυτει εμεραι = τῇ αὐτῇ ἡμέρᾳ. (Fr. p. 140.) Also ο = ου und ω, ε = η und ει, χσ = ξ, φσ = ψ, π = φ, οι = ῳ, Spiritus asper fehlt, χ = κ vor σ. Dann φ statt π, als αφειληφότας statt ἀπειληφότας (Μ. p. 80).

Im 3. Jahre dieser Olympiade (409 v. Chr.) steht auf attischen Inschriften υ statt υι, als νεις statt υἱεῖς. (Μ. p. 47.) und ει statt ι so Πεντελεικὰ statt Πεντελικά. (Kcia, I. 321) Dann χ statt κ, als χαλχη = χάλκη. (Μ. p. 78.)

§ 34. Olymp. 93 (408 v. Chr.) Auf attischen Inschriften: παναθεναιον = παναθηναίων, χσυναρχοσι = ξυνάρχουσι, Κομαρχο = Κωμάρχου, εχς = ἕξ, τουτον = τούτων, αργυρος = ἀργυροῦς, χρυσος = χρυσοῦς, τοτο = τούτου, τοτον = τούτων, τον προτερον ταμιον = τῶν προτέρων ταμιῶν, τοι προνειοι = τῷ προνηΐῳ, (Fr. p. 135.) Also ε = η, ο = ου, ω, χσ = ξ, οι = ῳ.

Auf einer anderen attischen Inschrift derselben Olympiade: Ελλενοταμιαις = Ἑλληνοταμίαις, Λυσιθεοι = Λυσιθέῳ, δεκατει = δεκάτῃ, ενει = ἔνῃ, (Fr. p. 145). Folglich wieder ε = η, οι = ῳ, ει = η. Und der Spiritus asper fehlt.

§ 35. Seit der 94. Olympiade (404 v. Chr.) steht auf zahlreichen attischen Inschriften ει statt η, z. B. αγαθει τυχει = ἀγαθῇ τύχῃ, τει βουλει = τῇ βουλῇ, εν στηλει λιθινει = ἐν στήλῃ λιθίνῃ, (Fr. 150.) Und im 2. Jahre dieser Olympiade (403 v. Chr.) haben attische Inschriften: αλυσε = ἀλύσει, χερονιπτρον = χειρόνιπτρον, εγλουτηρων = ἐκλουτήριον. (Fr. 152). Folglich γ = κ, ε = ει, ει = η, ο = ου. Damals wurde schon unter archon Euklid das volle ionische Alphabet amtlich eingeführt, und dennoch war die Schrift nicht phonetisch.

§ 36. Endlich im 5. Jahrhundert bieten die Inschriften von Tanagra αε statt αι; z. B. Αισχρωνδας = Αἰσχρώνδας, Φεργαενετος = Φεργαίνετος, Αβαεοδωρας = Ἀβοιόδωρας. (Bul. III, p. 136.)

Auf den Inschriften von Chios steht ι statt η, als τινδε = τήνδε, σιμα = σῆμα. (Ri. p. 382).

§ 37. Aus den bisherigen Paragraphen (14—36) des dritten Hauptstückes ist also erwiesen; dass im 5. Jahrhundert v. Chr. folgende Schrift üblich war:

αε statt αι in Tanagra;
aspirata statt tenuis in Attika.

ε statt αι in Attika;
ε „ ει in Attika, Delos, Elis, Halikarnass, Hermione, Lakonien, Naxos, Plataea, Teos.
ε „ η in Aegina, Attika, Lakonien, Peloponnes, Teos.
ει „ η in Attika.
ει „ ι in Attika.
ι „ η in Attika, Chios
ι „ υ in Attika.
ο „ οι in Attika.
ο „ ου in Aegina, Attika, Delos, Elis, Halikarnass, Hermione, Lakonien, Naxos, Plataea, Teos.

Spiritus asper fehlt in Attika, Olympia, Peloponnes.

v statt vi in Attika.

$v = ü$ nicht erweisbar.

$ω$ statt ov in Paros, Syphnos, Tasos.

Das heisst in den vorgenannten Städten und Landschaften war die Schrift im 5. Jahrhundert v. Chr. nicht phonetisch.

Viertes Hauptstück.
Viertes Jahrhundert v. Chr.

---

§ 38. Olymp. 95, 3. (398 v Chr.) Eine attische Inschrift enthält folgende Wörter: οι = οἱ, οις = οἷς, Σονιαδο = Σουνιάδου, Αριστοκρατοσ = Ἀριστοκράτους, αργυρον = ἀργυροῦν, Νικηρατο = Νικηράτου, τουτο = τούτου, χρυσος = χρυσοῦς, χερος = χειρός, βολη = βουλή, βαθρο = βάθρου, συμμεικτον = σύμμικτον, ζευγε = ζεύγει. (Fr. p. 154). Also der Spiritus asper fehlt, ο steht statt ου, ε statt ει, und ει statt ι. Folglich war auch nach Enklid die Schrift in Attika nicht phonetisch.

§ 39. Olymp. 96, 1 (396 v. Chr.) Eine attische Inschrift von Dekelia hat ε statt ει und ο statt ου. Z. B. κεται = κεῖται, τοσοτοι = τοσοῦτοι, τοτῳ = τούτῳ, τάς Ψηφος = τάς Ψήφους. (Πδ. p. 716.)

Auf derselben Inschrift wird μ vor dem φ, und ν vor dem τ weggelassen; z. B. τη ψηφον = τὴμ ψῆφον, ευορχουτι = εὐορχοῦντι. Hieraus schliesst Πδ. (p. 720) dass die Dekelier schon damals das μπ und ντ nach der heutigen vulgären Weise aussprachen; nämlich μπ = b, und ντ = d.

§ 40. Olymp. 98 (388 v. Chr.) steht auf boeotischen Inschriften noch Digamma, dann ε statt η und ει, ο aber statt ου und ω. (K. II. Taf. I. Kolumne).

Nach Bl. (p. 26) haben die Boeoter im Anfange des 4. Jahrhunderts das η statt des αι gebraucht, wodurch aus αι das ä entstand.

§ 41. Olymp. 100 (378 v. Chr.) Auf einer attischen Inschrift steht ε statt ει, und ο statt ου; als ἐκγονος = ἐκγόνους, εναι = εἶναι. (Fr. p. 163). Ebenso ἐνοιχοντων = ἐνοιχούντων. (M. p. 21.)

Von dieser Olympiade an bis zur 103. (368 v. Chr.) haben attische Inschriften υ statt υι, wie κατεαγυα = κατεαγυία. (M. p. 46). Folglich war υι ein einfacher Laut. Dann auch υ statt ι, als Ἀμφικτυονες = Ἀμφικτίονες. (M. p. 22.)

Dieses υ statt ι und umgekehrt, haben die attischen Inschriften bis zur 113. Olympiade (328 v. Chr.) Z. B. ἥμυσυ = ἥμισυ, Μουνυχος, Μουνυχία, Μουνυχιών = Μούνιχος, Μουνιχία, Μουνιχιών. (M. p. 22, 23.)

§ 42. Olymp. 101, 1 (376 v. Chr.) Auf attischen Inschriften η statt ει, wie πόλη = πόλει. (M p. 108).

Olymp. 101, 4 (373 v. Chr.) ebenfalls auf attischen Inschriften υ statt υι, als Ὠρρειθυα = Ὠρρείθυια. (M. p. 47.)

§ 43. Olymp. 102, 2 (371 v. Chr.) auf einer attischen Inschrift ε statt ει und ο statt ου, z. B. Διονυσιο = Διονυσίου, εξενεγκεν = ἐξενεγκεῖν, χρηματίζεν = χρηματίζειν. (Fr. p. 165.)

§ 44. Olymp. 103, 2 (367 v. Chr.) haben attische Inschriften ι statt ει; als διερίσματα = διερείσματα. (Kcia. II, 678.)

§ 45. Olymp. 105, 4 (357 v. Chr.) auf attischen Inschriften υ statt υι, als Ὠρειθυα Ὠρείθυια. (M. p. 97.)

§ 46. Olymp. 106, 3 (354 v. Chr.) auf

attischen Inschriften υ statt υι, als κατεαγυα = κατεαγυία. (M. p. 46.)

§ 47. Olymp. 107, 3 (350 v. Chr.) auf attischen Inschriften ε statt ει, und η statt ι, z. B. πολιτέαν = πολιτείαν, Μελησάνδρου = Μελισάνδρου. (M. p. 15, 32, 92.) Dann Olymp. 107, 4 bis 109, 1 (349—344 v. Chr.) aspirata für tenuis χιθωνίσκος = χιτωνίσκος, (M. p. 79.)

§ 48. Olymp. 108, 4 (345 v. Chr.) auf attischen Inschriften ε statt ει, wie ήμισεαν = ήμίσειαν. (M. p. 32.)

§ 49. Olymp. 109, 1 (344 v. Chr.) Auf attischen Inschriften ι statt η, als Θυαινι = Θυαίνη. (Kcia., II. 754—755.)

Olymp. 109, 2 (343 v. Chr.) Auf attischen Inschriften ε statt ει, und ει statt η. Z. B. δωρεα = δωρειά, τυγχανει = τυγχάνη. (M. p. 31, 131.)

Olymp. 109, 3—113, 3 (342—326 v. Chr.) Dodonische Inschriften haben ει statt ι; z. B. πολειτειαν = πολιτειαν, Νεικανδρος = Νίκανδρος. (Car. XXVIII, XXX.)

§ 50. Olymp. 110 (341 v. Chr.) auf attischen Inschriften ε statt ει, als γραμματεον = γραμματείον. (M. p. 33.) Dann σ statt ζ, wie εχυρασουσιν statt ἐχυρόζουσιν, Σευς statt Ζεύς. (M. p. 70.)

§ 51. Olymp. 111, 3 (334 v. Chr.) auf einer attischen Inschrift ε statt ει, wie αποδωσεν = ἀποδώσειν, und η statt ει, als ακροπολη = ἀκροπόλει. (M. p. 16, 108.)

Dann auf mehreren attischen Inschriften Tenuis für Aspirata, wie κ für χ, und Aspirata für Tenuis, wie ϑ für τ. Z. B. κιϑωνισκος = χιτωνίσκος und χιϑωνισκος = χιτωνίσκος. (Kcia. II, 759.)

Olymp. 111, 4 (333 v. Chr.) Auf einer attischen Inschrift ι statt ει. So Ἀριστιδου = Ἀριστειδου. (Bull. XIII, p. 254).

Olymp. 112, 3 (330 v. Chr.) Eine attische Inschrift hat Aspirata für Tenuis, nämlich φ statt π, und Tenuis für Aspirata, δ statt ϑ. Z. B. φιδακνιον = πιϑάκνιον. (M. p. 80.)

§ 52. Olymp. 112, 4 (329 v. Chr.) Auf einer attischen Inschrift ι statt ει, als ὀπτανιον = ὑπτανεῖον. (Kcia. II, p. 834).

Zur selben Zeit hat eine attische Inschrift ζ statt σ, wie ἀναβαζμους = ἀναβασμούς. (Πδ. p. 664.)

Auf attischen Inschriften ε statt ει und υ statt υι; als Θησεο=υ Θησείου, διερραγυας

— διερραγυίας, ὀργυας = ὀργυιᾶς, υος = υἱός, υου = υἱοῦ, υον = υἱόν. (M. p. 34, 47.)

§ 53. Olymp. 113, 4 (325 v. Chr.) Eine attische Inschrift hat ι statt ει, nämlich σιτοπομπια = σιτοπομπεία. (Kcia. II, 809).

§ 54. Olymp 114, 3 (322 v. Chr.) Attische Inschriften haben ι und ε statt ει, und υ statt υι. Z. B. ὀφίδιον = ὀφείδιον, πρυτανεα = πρυτανεία, παρειληφυα = παρειληφυία. (IIδ. p. 222, und M. p. 32, 46.)

Olymp. 114, 4 (321 v. Chr.) Auf attischen Inschriften ι statt η, als ὕλιν = ὕλην. (Kcia. II, 1059.)

§ 55. Olymp. 115, 1 (320 v. Chr.) Eine attische Inschrift hat ι statt υ, wie Σιβιλλα = Σιβυλλα. (Kcia. II, 835.)

Andere attische Inschriften haben ι statt ει. Z. B. επικρατια = ἐπικρατεία, ελλειπι = ἐλλείπει. (Kcia. II, 835.)

Im 2. Jahre derselben Olympiade (319 v. Chr.) Auf attischen Inschriften Tenuis für Aspirata, nämlich κ statt χ, z. B. χαλκουν = χαλκοῦν; und Aspirata für Tenuis, nämlich φ statt π, als Διοφειθου = Διοπείθου. (M. p. 79.)

§ 56. Olymp. 116—118 (316—308 v. Chr.)

Auf [attischen Inschriften η statt ι; so $\dot{\alpha}\mu\alpha\zeta\acute{\eta}\pi o\delta\alpha = \dot{\alpha}\mu\alpha\zeta\acute{\iota}\pi o\delta\alpha$, $\gamma\epsilon\iota\sigma\acute{\eta}\pi o\upsilon\varsigma = \gamma\epsilon\iota\sigma\acute{\iota}\pi o\upsilon\varsigma$. (M. p. 15. 92.)

Die Erasmianer fragen: warum hätte Euklid das η als einen e-Laut eingeführt, nachdem für diesen Laut das e schon da war? Auch wir können fragen: warum hätte Euklid das η als einen langen e-Laut eingeführt, nachdem für diesen Laut das $\epsilon\iota$ schon da war? (S. § 12, 19, 31, 33.) Und warum schrieb man vor und nach Euklid η statt $\epsilon\iota$, da $\epsilon\iota$ ebenfalls ein langes e bedeutete? (S. § 49, 71.) Wenn die Erasmianer sagen, dass ϵ, $\epsilon\iota$, η dreierlei e-Laute waren, so können auch wir sagen, dass η und ι zweierlei ι-Laute waren.

Die Erasmianer fragen ferner: wie wäre man auf den Gedanken verfallen, dem η ein ι zu unterschreiben, wenn es selbst ein ι-Laut war? Darauf antwortet die Etymologie. Betrachten wir nur das Wort $\epsilon\ddot{\iota}\delta\omega$; seine dritte Person plural. des Plusquamperfectum ist $\mathring{\eta}\sigma\alpha\nu$, zusammengezogen aus $\ddot{\epsilon}\epsilon\iota\sigma\alpha\nu$; folglich muss es ein iota subscriptum haben, um es von $\bar{\eta}\sigma\alpha\nu$ (sie waren) in der Schrift zu unterscheiden.

Dann fragen noch die Erasmianer, wie hätte das aus dem zusammengezogenen εα, εε entstandene η einen ι-Laut haben können, da weder das α noch das ε ein ι-Laut ist? Darauf antworte ich: wie konnte im VI. und V. Jahrhundert vor Chr. Οὐνποριωνος, Οὐργοτίμου aus ὁ Ἐνποριωνος, ὁ Ἐργοτίμου (M. p. 56.) entstehen, da weder o noch ε ein u-Laut ist? Siehe auch T. p. 100.

Übrigens könnten sich die Erasmianer mit dem unumstösslichen Zeugnisse Platon's beruhigen, der im Kratylos sagt, dass die Frauen den Tag imera nennen, nicht aber hemera oder hēmera. Wenn also die heutigen Griechen den Tag ebenfalls imera nennen, so haben sie ein altehrwürdiges Zeugnis für sich. Im Kratylos steht zwar ἱμέρα mit dem Spiritus asper; aber es ist erwiesen, dass der Spiritus asper damals in Attika nicht mehr ausgesprochen wurde. (S. § 25, 33, 34.)

§ 57. Olymp. 118, 3 (306 v. Chr.) Auf attischen Inschriften υ statt ι, als Μουνυχιών = Μουνιχιών. (M. p. 23).

§ 58. Olymp. 119, 1 (304 v. Chr.) Eine attische Inschrift hat ι statt η, wie ἀρετις = ἀρετῆς. (Keia. II, 258). Und ε statt ει, —

o statt ov. Z. B. *Ἀρεο παγου* = *Ἀρείου πάγου*, *ἐπιμελεας* = *ἐπιμελείας*. (M. p. 32, 34.)

§ 59. Olymp. 120, 1 (300 v. Chr.) Attische Inschriften haben Aspirata für Tenuis, nämlich *φ* für *π* und *χ* für *κ*; z. B. *Φερσεφόνη* = *Περσεφόνη*, *εὐορχοῦντι* = *εὐορκοῦντι*. (M. p. 79.)

Bis znm Ende dieses Jahrhunderts haben die thebanischen Inschriften meistens *η* statt *αι*. Z. B. *Ἀριστηχμος* = *Ἀρισταιχμος*, *Νικηος* = *Νικαῖος*, *Τελεστηος* = *Τελεσταῖος*. (Bull. III. p. 138).

Am Ende dieses Jahrhunderts steht auf attischen Inschriften *ι* statt *ει*; als *συμφεριν* = *συμφέρειν*. (M. p. 38.)

§ 60. Nach den angeführten Belegen des IV. Hauptstückes (§ 38—59) ist also unstreitig, dass im 4. Jahrhundert folgende Schrift vorkommt:

αι statt ä in Boeotien.
ε „ *ει* in Attika.
ε „ *η* in Attika, Boeotien.
ει „ *η* in Attika.
ει „ *ι* in Attika, Dodona.
ζ „ *σ* in Attika.

η statt αι in Boeotien.
η „ ει in Attika.
η „ ι in Attika.
ϑ „ τ in Attika.
ι „ ει in Attika.
ι „ η in Attika.
ι „ υ in Attika.
κ „ χ in Attika.
ο „ ου in Attika, Boeotien.
ο „ ω in Boeotien.
Spiritus asper fehlt in Attika.
υ statt ι in Attika.
υ „ υι in Attika.
υ „ ü ist inschriftlich nicht erwiesen.
φ „ π in Attika.

Folglich ist es wieder unwahr, dass im 4. Jahrhundert v. Chr. die Schrift phonetisch gewesen sei.

Fünftes Hauptstück.
Drittes Jahrhundert vor Chr.

§ 61. Olymp. 121, 2 (295 v. Chr.) Auf attischen Inschriften ι statt ει; z. B. χιρίδιον = χειρίδιον. (Πδ. p. 223.)

Olymp. 121, 3 (294 v. Chr.) Attische Inschriften haben υ statt ι; als Μουννυχος, Μουννυχία, Μουννυχιών = Μούνιχος, Μουνιχία, Μουνιχιών. (M. p. 23.)

§ 62. Olymp. 122, 1 (292 v. Chr.) Auf einer attischen Inschrift ι statt ει; als εκινος = ἐκεῖνος. (Πδ. p. 223.)

§ 63. Olymp. 123, 2—124, 4 (287—281 v. Chr.) Kassandrische Inschriften in Macedonien haben αι statt ε; z. B. Κασσανδραίων = Κασσανδρέων. (Πδ. p. 398.)

Und attische Inschriften ει statt ι, und

umgekehrt; als Λυσειον = Λυσίον, χιρίδια = χειρίδια. (M. p. 18.)

§ 64. Olymp. 127, 3 (271 v. Chr.) Auf attischen Inschriften ι statt ει, wie ισεπραξε = εἰσέπραξε, απιμι = ἄπειμι. (M. p. 38.) Und Olymp. 127, 4 bis 128, 1 (270—268 v. Chr.) ϑ statt τ in καϑειληφότος statt κατειληφότος. (M. p. 80.)

§ 65. Darum gesteht Bl. (p. 10, 55, 58), dass nachdem das ει sich zu einem langen ι verdünnt hatte, wurde es zwar in der Schrift nicht aufgegeben, aber doch zu einem neuen Zwecke verwandt, zur allgemeinen Bezeichnung des langen ι ... Das ει, soweit es wirklich ε + ι, und nicht etwa ē ist, wird vielfach schon in den ältesten Denkmälern und regelrecht später zu ι vereinfacht.... Zweifellos ist vom Ende des 3. Jahrhunderts ab das ει in den verschiedensten Gegenden von Hellas in dieser Weise vereinfacht worden.

Was aber seine Einwendung betrifft, dass in der heutigen Sprache aspirata und tenuis verwechselt werden, wie φτάνω = φϑάνω, κλέφτης = κλέπτης, ὀχτύ = ὀκτύ, κάτσε = κάϑισε, σκίζω = σχίζω, μιστός = μισϑός, so ist er im Unrecht, denn aus den §§ 12, 20,

31, 33, 47, 51, 55, 59, 64 ist es erwiesen, dass dies schon im 6., 5., 4. und 3. Jahrhundert vor Chr. geschah.

Uebrigens in den Volksliedern steht nicht immer κάτσε sondern auch κάθησε. (P. p. 225—228 und S. p. 164.)

Es ist sonderbar, dass Bl. immer der heutigen griechischen Volkssprache seine Argumente entnimmt, um zu beweisen, dass die jetzige Sprache im Vergleiche mit jener des Alterthums eine völlig neue sei. Wohin dieses führe, das habe ich mit vielen drastischen Beispielen aus den verschiedenen deutschen Volksmundarten dargethan. (T. p. 31—33.)

§ 66. Olymp. 145, 2 (200 v. Chr.) Auf einer Inschrift der Insel Nisyros des ikarischen Meeres η statt ι. Z. B. δηαγγειλαι = διαγγειλαι. (Ds. 195.)

Endlich in diesem 3. Jahrhundert v. Chr. steht auf vielen attischen Inschriften υ statt υι; als υου = υἱοῦ, υον = υἱόν. (M. p. 47, 113.)

§ 67. Im dritten Jahrhundert v. Chr. finden wir also folgende Schreibweise:
αι statt ε in Makedonien.
ει „ ι in Attika.

η statt ι Nisyrus.
ι „ ει in Attika.
ι „ υ in Attika.
οι „ υ in Attika.
υ „ υι in Attika.
υ „ ü nicht ersichtlich.

Das heisst die Schrift war nicht phonetisch.

Sechstes Hauptstück.
Zweites Jahrhundert vor Chr.

§ 68. Olymp. 146, 3 (195 v. Chr.) auf einer Inschrift von Teos ει statt ι, als υμειν = ὑμῖν. (V. p. 2.)

§ 69. Olymp. 147, 4 (190 v. Chr.) Eine attische Inschrift hat ζ statt σ. Z. B. Ζμυρναῖος = Σμυρναῖος. (Kcia. II, 966).

§ 70. Olymp. 157, 4 (150 v. Chr.) Auf einer attischen Inschrift ει statt ι; als γείνεσθαι = γίνεσθαι, φιλοτειμοῦντα = φιλοτιμοῦντα. (M. p. 38.)

§ 71. Olymp. 158, 1–4 (149—146 v. Chr.) Eine boeotische Inschrift hat ει statt η, wie χρειματα = χρήματα. (DC. Addenda p. 708.)

Eine andere von Halaesa in Sicilien ει statt ι, als Θεματειτις = Θεματῖτις, ῥεινος = ῥινός. (Ka. p. 67, No. 352.)

Ebenso Olymp. 170, 1 (100 v. Chr.) auf einer attischen Inschrift ει statt ι; als Ειφιστιαδης = 'Ιφιστιάδης. (M. p. 38.)

In diesem 2. Jahrhundert v. Chr. steht auf attischen Inschriften zweiunddreissigmal υ statt υι in den verschiedenen Endungen des υος = υἱός. (M. p. 47.)

Endlich Bl. gesteht es selbst (p. 33, 59), dass in diesem Jahrhundert in Boeotien und wohl auch Thessalien das alte η wie in πατήρ den Endpunkt i erreicht haben mag; dass eine Inschrift von Kos Καισαρηα, Ἀγριππηα, Ἡράκληα zeigt, wo man ηα wie ia aussprach; und dass die Vereinfachung des ει in ι durch das ganze griechische Gebiet noch in vorchristlicher Zeit sich vollzogen hat.

§ 72. Gegen die phonetische Schreibweise des zweiten Jahrhunderts v. Chr. spricht also

ει	statt	ι	Attika, Teos, Megara, ganzes griechisches Gebiet.
ζ	„	σ	Attika.
‾	„	ι	Boeotien, Sicilien, Kos.
			Attika.

Siebentes Hauptstück.
Erstes Jahrhundert vor Chr.

§ 73. Olymp. 175, 3 (78 v. Chr.) Eine Inschrift von Rom hat αι statt des lateinischen ae, wie Αἰμίλως = Aemilius. (Ka. p. 247, No. 951.)

Olymp. 177, 4 bis 179, 3 (69—62 v. Chr.) steht auf attischen Inschriften ει statt ι, als Προβαλείσιος statt Προβαλίσιος, Φιλοτείμως statt Φιλοτίμως. (M. p. 38.) Und υ statt ι, wie βύβλος, βυβλίον, βυβλιοθήκη statt βίβλος, βιβλίον, βιβλιοθήκη. (Kcia. II, 468, 478, 482.)

Seit dem 4. Jahre derselben Olympiade bis Olymp. 182, 1 (52 v. Chr.) haben attische Inschriften υ statt υι, als ὑύν, ὑύς statt υἱόν, υἱος. (M. p. 49.)

§ 74. Olymp. 179, 3 (62 v. Chr.) hat eine

mytilemische Inschrift ει statt ι, als ἀφειέτω statt ἀφιέτω. (V. p. 47.)

Olymp. 183, 1 bis 184, 3 (48—42 v. Chr.) steht auf Inschriften von Megara αι = ae, und ει statt i, als Αἰλιανός = Aelianos, Καῖσαρ = Caesar, Καλλινείκου = Καλλινίκου. (Fr. p. 239, 270—277.)

§ 75. Olymp. 185, 2 (39 v. Chr.) hat eine Inschrift aus der Nähe von Stratonike in Karien η statt des lateinischen i, wie Καλουησίῳ statt Caluisio. (V. p. 41, 56).

Aus dem 3. Jahre derselben Olympiade bis zum Anfange der 187. (38—32 v. Chr.) haben attische Inschriften ι statt ει, als ἰσιτήρια, ἐπιδή, ἐπιδικνύμενον statt εἰσιτήρια, ἐπειδή, ἐπιδεικνύμενον.

§ 76. Olymp. 187, 2 (31 v. Chr.) hat eine Inschrift aus Mylasia ι statt ει, als ἀποβαλῖν statt ἀποβαλεῖν, ὑπέδιξεν, statt ὑπέδειξεν. (V. p. 8.)

§ 77. Olymp. 192, 1 (12 v. Chr.) Auf attischen Inschriften β statt des lateinischen v, und ει statt ι, wie Σέρβιος = Servios, Λειβία = Livia. (M. p. 60.)

Im Jahre 1890 entdeckte Demosthenes Baltazzi eine Steininschrift zu Magnesia aus einem vorchristlichen Jahrhundert, wo ει statt ι vorkommt. Z. B. Διοτείμου = Διοτίμου, ἀφείδρυμα = ἀφίδρυμα, ὑμεῖν = ὑμῖν. (R. III, p. 349.)

§ 78. Die Ergebnisse des 1. Jahrhunderts vor Chr. widerlegen also abermals den angeblichen Bestand der phonetischen Schreibweise, denn es war:

αι = ae, e in Attika.
ει = ι in Attika, Mytilene.
η = ι in Karien.
ι = ει in Attika, Mylasia.
υ = ι in Attika.
υ = υι in Attika.
υ = ü nirgends.
β latein. v in Attika.

Achtes Hauptstück.
Erstes Jahrhundert n. Chr.

§ 79. Olymp. 204, 2—205, 4 (38—44 n. Chr.) Eine Inschrift von Kyzikos hat αι statt ε, und οι statt oe. Z. B. *Καίσαρι* = Caesari, *Ροιμητάλκᾳ* = Rhoemetalca. (R. VI, p. 9).

Olymp. 206, 1 (45 n. Chr.) Auf einer attischen Inschrift ζ statt σ, wie ζμάραγδος = σμάραγδος. (Kcia. III, 1280.)

Wer sollte es also glauben, dass ζμάραγδος erasmianisch σδάμαραγδος oder δσμάραγδος oder tzmaragdos ausgesprochen wurde?

§ 80. Olymp. 208, 1 (53 n. Chr.) Attische Inschriften haben β statt des lateinischen v. So *Βεννστος* = Venustus. (M. p. 60.)

Olymp. 212, 3 (71 n. Chr.) Auf einer Inschrift von Neapel ει statt ι, wie Ἀπρειλίων = Ἀπρίλιων. (Ka. p. 205, No. 757.)

Olymp. 217, 1 (89 n. Chr.) Eine Inschrift von Olympia hat β statt des lateinischen v; als Φλάβιος = Flavius. (Fr. p. 276.)

§ 81. Olymp. 218, 4 (96 n. Chr.) haben attische Inschriften β statt des lateinischen v, so Βεργίλιος = Vergilius. (M. p. 60.)

Und Olymp. 219, 2 (93 n. Chr.) ει statt des lateinischen i, wie Μάξειμος = Maximus. M. p. 39.)

Endlich auf den Inschriften von Attika, Megara, Boeotien steht immer αι statt des lateinischen ae, als Καῖσαρ = Caesar. (DC. Index. p. 758—759).

Aus diesem Jahrhundert ist also folgende nicht phonetische Schreibweise bekannt:

αι = ae Attika, Megara, Boeotien.
β = lat. v Attika, Olympia.
ει = ι Attika.
ζ = σ Attika.

Neuntes Hauptstück.
Zweites Jahrhundert n. Chr.

§ 82. Olymp. 221, 3 (107 n. Chr.) Eine kretische Inschrift hat β statt des lateinischen v, als $Νέρβα$ = Nerva. (Fr. p. 278.)

Olymp. 222, 2 (110 n. Chr.) Auf attischen Inschriften $αι$ statt $ε$, so $᾽Ερικαιεός$ = $᾽Ερικεεύς$. (M. p. 27.)

Und Olymp. 223, 3 (115 n. Chr.) Auf einer Inschrift von Thera wieder β statt des lateinischen v, so $Νέρβα$ = Nerva. (Fr. p. 279.)

§ 83. Olymp. 223, 4 (116 n. Chr.) Auf attischen Inschriften ebenfalls β statt des lateinischen v, als $Φλάβιος$ = Flavius. (M. p. 60.)

§ 84. Olymp. 224, 1—228, 2 (117—134 n. Chr.) Auf attischen Inschriften $ε$ statt $αι$

so *Πλατεαις* statt *Πλαταιαῖς* (M. p. 27.) In derselben Olympiade 224, 1 (117 n. Chr.) ει statt ι, wie *Ὀλύμπεια* statt *Ὀλύμπια*. (M. p. 39.)

Olymp. 224, 2 (118 n. Chr.) Eine Inschrift von Daulis hat ει statt des lateinischen i, wie *Σαλεινάτορι* = Salinatori, dann ει statt ι, als *κρείνω* = *κρίνω*, *Σεβαστοπολειτῶν* = *Σεβαστοπολιτῶν*. Und ν statt des lateinischen v, wie *Νουέμβριος* = November. (Fr. p. 283, 286.)

Olymp. 228, 2 (134 n. Chr.) Auf einer Inschrift von Rom αι statt des lateinischen ae, wie *Καῖσαρ* = Caesar, und ει statt ι, so *ἱερονεικῶν* statt *ἱερονικῶν*, *στεφανειτῶν* statt *στεφανιτῶν*, *ὑμεῖν* statt *ὑμῖν*. (Kcia. p. 279 Nr. 1054).

§ 85. Olymp. 229, 2—229, 4 (138—140 n. Chr.) Auf attischen Inschriften αι statt ε, als *Ἐριχαιευς* statt *Ἐρικεεύς*, *Διομαιεῖς* statt *Διομεεῖς*. Und bis Olymp. 235, 1 (162 n. Chr.) ει statt ι, als *Ὀλύμπεια* statt *Ὀλύμπια*. (M. p. 27, 39.) Dann auf einer korkyraeischen Inschrift, Olymp. 229, 4 (140 n. Chr.) ebenfalls ει statt des lateinischen i, wie *Ἀντωνεῖνος* = Antoninus. (Fr. p. 289.) Und auf einer Inschrift von Rom αι statt des latein. ae; wie *Καίσαρι* = Caesar, *Αλλίῳ* = Aelio, dann ει statt i, so *Ἀντωνείνῳ* = Antonino. (Kcia. p. 278. No. 1051.)

§ 86. Olymp. 231, 2—231, 4 (146—148 n. Chr.) Auf attischen Inschriften αι statt ε und umgekehrt ε statt αι, wie *Ἐριχαιεύς* statt *Ἐριχεεύς*, *Φυγεεύς* statt *Φυγαιεύς*. (M. p. 27.)

Dann Olymp. 232, 2 (150 n. Chr.) ι statt η, als *Λυχομίδης* statt *Λυχομήδης*. (M. p. 15.)

§ 87. Olymp. 233, 3—234, 1 (155—157 n. Chr.) Auf attischen Inschriften ε statt αι, wie *Βησεεύς* statt *Βησαιεύς*. (M. p. 27.)

Olymp. 234, 1 (157 n. Chr.) Auf einer Inschrift von Procneste β statt des lateinisch. v; so *Βαλέριος* = Valerius. (Kcia. p. 303; No. 1127.)

§ 88. Olymp. 236, 1—241, 1 (165—185 n. Chr.) Auf attischen Inschriften ε statt αι, so *Ἐλεούσιοι* statt *Ἐλαιούσιοι*. (M. p. 27.)

§ 89. Olymp. 237, 2—237, 4 (170—172 n. Chr.) Auf attischen Inschriften ε statt αι, wie *Πειρεεύς* statt *Πειραιεύς*, und η statt ι, wie *Χαρήσιος* statt *Χαρίσιος*. (M. p. 15, 27.)

Dann β statt des lateinischen v auf attischen Inschriften, als $\Phi\lambda\acute{a}\beta\iota o\varsigma$, $\Phi\lambda\alpha\beta\iota\alpha$ = Flavius, Flavia; und auf einer Inschrift von Neapel ι statt $\varepsilon\iota$, so $\beta\varrho\alpha\beta\iota o\nu$ statt $\beta\varrho\alpha\beta\varepsilon\tilde{\iota}o\nu$. (Ka. p. 203. No. 748.)

§ 90. Olymp. 238, 2—239, 2 (174—178 n. Chr.) Auf attischen Inschriften $\alpha\iota$ statt ε, wie $T\varrho\iota\nu\varepsilon\mu\alpha\iota\varepsilon\acute{v}\varsigma$ statt $T\varrho\iota\nu\varepsilon\mu\varepsilon\varepsilon\acute{v}\varsigma$. (M. p. 27.) Und auf einer Inschrift von Puteoli $\varepsilon\iota$ statt ι, dann $o\iota$ statt oe, wie $\Phi o\iota\nu\varepsilon\acute{\iota}x\eta = \Phi o\iota\nu\acute{\iota}x\eta$ = Phoenicia. (Ka. 221. No. 830).

§ 91. Olymp. 239, 4 (180 n. Chr.) Auf attischen Inschriften $\alpha\iota$ statt ε, und ι statt $\varepsilon\iota$, so $\Pi\iota\varrho\varepsilon\varepsilon\acute{v}\varsigma$ statt $\Pi\varepsilon\iota\varrho\alpha\iota\varepsilon\acute{v}\varsigma$. (M. p. 27.)

§ 92. Olymp. 240, 4—241, 4 (184—188 n. Chr.) Auf attischen Inschriften ε statt $\alpha\iota$. wie $\,'E\lambda\varepsilon o\upsilon\sigma\acute{\iota}o\upsilon$ statt $\,'E\lambda\alpha\iota o\upsilon\sigma\acute{\iota}o\upsilon$, $\Pi\varepsilon\iota\varrho\varepsilon\varepsilon\acute{v}\varsigma$ statt $\Pi\varepsilon\iota\varrho\alpha\iota\varepsilon\acute{v}\varsigma$, $\Pi\varepsilon\alpha\nu\iota\acute{\varepsilon}\omega\nu$ statt $\Pi\alpha\iota\alpha\nu\iota\acute{\varepsilon}\omega\nu$; und umgekehrt $\alpha\iota$ statt ε, als $\check{\varepsilon}\gamma\varrho\alpha\iota\omega$ statt $\check{\varepsilon}\gamma\varrho\varepsilon o$, $x\alpha\acute{\iota}x\lambda\upsilon\tau\iota$ statt $x\acute{\varepsilon}x\lambda\upsilon\vartheta\iota$; also auch τ statt ϑ, das ist tenuis für aspirata. (M. p. 27.)

§ 93. Olymp. 242, 2—244, 4 (190—200 n. Chr.) Auf attischen Inschriften υ statt ι, so $Mo\upsilon\nu\nu\chi\iota\acute{\omega}\nu$ statt $Mo\upsilon\nu\iota\chi\iota\acute{\omega}\nu$. (M. p. 23.)

Endlich steht in diesem Jahrhundert auf den Inschriften von Attika, Boeotien, Megara immer αι statt des lateinischen ae, wie Καῖ-σαρ = Caesar. (DC. Index, p. 758—759).

§ 94. In diesem Jahrhundert bestand also folgende nicht phonetische Schreibweise:

αι = ae in Attika, Boeotien, Megara.
αι = ε in Attika.
β = v „   „
ε = αι „   „
η = ι „   „
ι = ει „   „
τ = ϑ „   „
υ = ι „   „
υ = v „ Daulis.
υ = ü nicht erweisbar.

Zehntes Hauptstück.
Drittes Jahrhundert n. Chr.

§ 95. Olymp. 247, 2 (210 n. Chr.) Auf attischen Inschriften αι statt ε, so Σαίδιος statt Σέδιος. (M. p. 27.)

§ 96. Olymp. 249, 1—252, 2 (217—230 n. Chr.) Auf attischen Inschriften ε statt αι, wie Μεμακτηριῶνα statt Μαιμακτηριῶνα. (M. p. 27.)

§ 97. Olymp. 253, 3 (235 n. Chr.) Auf einer Inschrift von Rom ζ statt σ, wie κόζμῳ = κόσμῳ. (Ka. p. 258. No. 971.)

In derselben Olymp. auf einer attischen Inschrift β statt des lateinisch. v, und η statt e; so Βῆρος = Verus. (Fr. p. 261.)

§ 98. Olymp. 254, 2—255, 4 (238—244 n. Chr.) Auf attischen Inschriften ε statt αι, wie Ἑκατομβεῶνα = Ἑκατομβαιῶνα. Βησεεύς = Βησαιεύς. (M. p. 27.) Und οι statt υ: so *Ποιανεψιῶνα* = *Πυανεψιῶνα*. (M. p. 46.)

§ 99. Olymp. 257, 2 (250 n. Chr.) Auf attischen Inschriften ε statt αι, so *Νικέα* statt *Νικαία*. Ebenso Olymp. 261, 2 (262 n. Chr.) *Ἀθηνέος* statt *Ἀθηναῖος*. (M. p. 27.)

§ 100. Olymp. 245—299 (201—299 n. Chr.) Auf attischen, boeotischen und megarischen Inschriften αι statt des lateinischen ae; so *Καῖσαρ* = Caesar. (DC. Index. p. 758, 759.)

§ 101. Olymp. 245, 1—276, 3 (201 bis 299 n. Chr.) Attische, boeotische und megarische Inschriften haben ε statt αι, η statt ι und umgekehrt, υ statt οι und umgekehrt; so *οἰαλά* statt *ὑαλά*, *ἀνύξε* statt *ἀνοίξοι*, *κυμητήρων* statt *κοιμιτήρων*, *ὑκετίρων* statt *οἰκετήριον*. (M. p. 46, und DC. p. 54.)

§ 102. Die nicht phonetische Schreibweise des 3. Jahrhunderts n. Chr. war also folgende:
αι = ae in Attika, Boeotien, Megara.
αι = ε „ „
β = v „ „
ε = αι „ „

ι = η in Attika, Megara.
οι = υ „ „ „
υ = οι „ „ „
υ = ü nirgends.

Für die griechische Schreibweise steht es also fest, dass sie weder vor noch nach Enklid phonetisch gewesen sei.

Eben sowenig war und ist eine andere Sprache phonetisch. Es ist bekannt, dass im Lateinischen das **ae** und **oe** monophthongisch ausgesprochen wurde, nicht aber diphthongisch a-e, o-e, so dass man z. B. mensa-e, po-ena-e statt mensä, pönä gesprochen hätte.

Im Deutschen, als die Buchstaben **ä, ö, ü** noch nicht erfunden waren, schrieb man früher á, ó, ú, später **ae, oe, ue**. Man sprach aber nicht **Va-e-ter** statt **Väter**, o-e-ffentlich statt öffentlich, **Mu-e-tter** statt **Mütter**. Auch heute schreiben noch Manche **ae** statt ä, **oe** statt ö, **ue** statt ü, z. B. **aehnlich, Oestreich, Uebung**. Trotzdem sagt aber Niemand a-ehnlich, O-estreich, U-ebung.

Und wie verhält es sich mit den Wörtern **Mensch, Wunsch?** Jeder Deutsche sagt

Mentsch, Wuntsch, obwohl das t in der Orthographie dieser Wörter keinen Platz hat.

Im Englischen und Französischen werden die geschriebenen Diphthongen und Triphthongen monophthongisch ausgesprochen. Folglich kann hier von einer phonetischen Schreibweise ebenfalls keine Rede sein.

Im Italienischen wird ce, ci, cia, cio, ge, gi, gia, gio wie tsche, tschi, tscha, tscho, dsche, dschi, dscha, dscho ausgesprochen. Also wieder keine Uebereinstimmung zwischen Schrift und Sprache.

Die Ungarn hatten auch nicht die Buchstaben ö und ü. Für das ö schrieben sie ew, für das ü aber ev oder ij. Z. B. das Wort ördög (Teufel) schrieben sie ewrdewg. Aber eine solche zungenbrecherische Aussprache war den Ungarn fremd. Man schrieb ewrdewg sprach aber ördög. Diese alte Schreibweise behalten noch etliche Familien-Namen. Z. B. Dessewffy, aber Jedermann spricht es wie Dessöffy (Deschöffi) aus.

Und trotzdem wagte es ein naseweiser ungarischer Erasmianer zu behaupten, dass die Griechen, dieses genialste Volk der Welt, eine grosse Dummheit begangen hätten, wenn ihre Schreibweise nicht phonetisch gewesen wäre. Ein schönes Kompliment für die Deutschen, Engländer, Franzosen, Italiener und für die eigenen Landsleute jenes Unsinn-Schmiedes.

Eilftes Hauptstück.
Viertes Jahrhundert n. Chr.

§ 103. Olymp. 272, 4 (308 n. Chr.) Auf einer Inschrift von Tegea steht β statt des lateinischen v und $ει$ statt $ι$; so $Φλάβιος$ = Flavius, $Κωνσταντεῖνος$ = Constantinus. (Fr. p. 309.)

§ 104. Olymp. 291, 2—291, 4 (382 bis 384 n. Chr.) Auf einer Inschrift von Gortyn $αι$ statt ae, wie $Πραιτώριος$ = Praetorius. (Fr. p. 309.) Und $Καῖσαρ$ = Caesar. (DC. Index p. 758—759).

§ 105. Olymp. 273—293, 4 (309—392 n. Chr.) Auf attischen Inschriften $ε$ statt $αι$ und $η$ statt $ει$, wie $ησελευσοντε$ = $εισελεύσονται$, $φέδιμον$ = $φαίδιμον$. Dann $αι$ statt $ε$, als $εἴται$ = $εἴτε$, $στρατόπαιδον$ = $στρατόπεδον$, $ἀναίθηκε$ = $ἀνέθηκε$. (M. p. 27.)

Olymp. 293, 4 (392 n. Chr.) Auf einer umbrischen Inschrift η statt ει und ι; dann υ statt οι, so ἠρήνι = εἰρήνη, ἐκυμίσθη = ἐκοιμήθη. (Ka. p. 534. No. 2252.)

§ 106. Aus den letzten Jahren dieses Jahrhunderts steht auf einer attischen Inschrift οι statt oe; und η statt e, wie ʽΡοιμητάλκα statt Rhoemetalca. (Fr. p. 252.)

§ 107. Die Schreibweise des 4. Jahrhunderts n. Chr. war also wieder nicht phonetisch, nämlich

αι = ae in Gortyn.
β = v in Tegea.
ε = αι in Attika.
ει = ι in Tegea.
η = ε in Attika sehr selten.
η = ει „ „
οι = oe „ „

Zwölftes Hauptstück.
Alphabetische Uebersicht der Laute und ihres Alters in der Aussprache der heutigen Griechen.

§ 108.

Laut	Zeit	Fundort	Jahre bis heute
αι = ae, e	287—281 v. Chr.	Macedonien	2180—2174
„	78 „ „	Rom	1971
„	48—42 „ „	Megara	1941—1935
„	38—44 n. Chr.	Kyzikus	1855—1849
„	71 „ „	Neapel	1882
„	101—200 „	Attika Boeotien Megara	1792—1693
„	134 „ „	Rom	1779
„	138 „ „	Attika	1755
„	140 „ „	Rom	1753
„	146—148 „ „	Attika	1747—1745

Laut	Zeit	Fundort	Jahre bis heute
$\alpha\iota=$ ae, e	174—178 n. Chr.	Attika	1719—1715
"	210 "	Attika	1683
"	211—299 "	Attika	
		Boeotien	
		Megara	1112—1591
"	309—392 "	Attika	1584—1501
"	382—384 "	Gortyn	1511—1509

§ 109.

Aspirata

st. tenuis	595 v. Chr.	Attika	2488
"	439 "	"	2332
"	420 "	"	2313
"	410 "	"	2303
"	409 "	"	2302
"	349—344 "	"	2242—2237
"	334 "	"	2227
"	330 "	"	2223
"	319 "	"	2212
"	300 "	"	2193
"	270—268 "	"	2164—2161

§ 110.

$\beta=$

lat. v.	12 "	"	1905
"	53 n. Chr.	"	1840
"	89 "	Olimpia	1804

Laut	Zeit	Fundort	Jahre bis heute
$\beta =$ lat. v.	96 n. Chr.	Attika	1797
"	116 "	" "	1777
"	157 "	" Praeneste	1736
"	170—172 "	" Neapel	1723—1721
"	236 "	" Attika	1657
"	308 "	" Tegea	1585

§ 111.

Laut	Zeit	Fundort	Jahre bis heute
$\varepsilon = \alpha\iota$	460 v. Chr.	Attika	2353
"	450—440 "	" "	2343—2333
"	117—134 n.	" "	1776—1759
"	146—148 "	" "	1747—1745
"	155—157 "	" "	1738—1736
"	165—185 "	" "	1728—1708
"	170—172 "	" "	1723—1821
"	180 "	" "	1713
"	184—188 "	" "	1709—1705
"	190 "	" "	1703
"	217—230 "	" "	1676—1663
"	238—244 "	" "	1655—1649
"	250 "	" "	1643
"	262 "	" "	1631
"	201—299 "	" Boeotien Megara Attika	1692—1594

Laut	Zeit	Fundort	Jahre bis heute
ε = αι	309—392 n. Chr.	Attika	1584—1501

§ 112.

Laut	Zeit	Fundort	Jahre bis heute
ει = ι	595 v. Chr.	Korinth	2488
„	432—413 „	Attika	2325—2306
„	409 „	„	2302
„	342—326 „	Dodona	2235—2219
„	287—281 „	Attika	2180—2174
„	195 „	Teos	2088
„	150 „	Attika	2043
„	149—146 „	Halaesa Megara	2042—2039
„	100 „	Attika	1993
„	69—62 „	Attika	1962—1955
„	62 „	Mytilene	1955
„	48—42 „	Megara	1941—1935
„	12 „	Attika	1905
„	110 n. Chr.	Attika	1783
„	117 „	„	1776
„	118 „	Daulis	1775
„	134 „	Rom	1759
„	140 „	Korcyra	1753
„	140—162 „	Attika	1731—1753
„	174 „	Puteoli	1719
„	308 „	Tegea	1585

Laut	Zeit	Fundort	Jahre bis heute
§ 113.			
$\eta = \iota$	422 v. Chr.	Attika	2315
„	350 „	„ „	2243
„	316—304 „	„ „	2209—1694
„	200 „	„ Nisyros	2193
„	39 „	„ Stratonik	1932
„	170—173 n.	„ Attika	1720—1723
„	201—299 „	„ Megara	
		Attika	1692—1594
„	392 „	„ Pisaurum	1501
§ 114.			
$\iota = \varepsilon\iota$	595 v. Chr.	Attika	
		Korinth	2488
„	428 „	„ Attika	2321
„	367 „	„ „	2260
„	333 „	„ „	2226
„	329 „	„ „	2222
„	325 „	„ „	2218
„	322 „	„ „	2215
„	320 „	„ „	2213
„	300 „	„ „	2193
„	295 „	„ „	2188
„	292 „	„ „	2185
„	287—281 „	„ „	2180—2174
„	271 „	„ „	2164

Laut	Zeit	Fundort	Jahre bis heute
ι = ει	38—32 v. Chr.	Attika	1931—1925
,,	31 ,, ,,	Mytilene	1924
,,	170—172 n. ,,	Neapel	1723—1721
,,	180 ,, ,,	Attika	1713

§ 115.

ι = η	422 v. ,,	,,	2315
,,	344 ,, ,,	,,	2237
,,	321 ,, ,,	,,	2224
,,	304 ,, ,,	,,	2197
,,	150 n. ,,	,,	1743
,,	201—299 ,, ,,	Megara Attika	1692—1594
,,	392 ,, ,,	Pisaurum	1501

§ 116.

ι = υ	440 v. ,,	Attika	2333
,,	368—324 ,, ,,	,,	2261—2221
,,	320 ,, ,,	,,	2213
,,	294 ,, ,,	,,	2187

§ 117.

οι = υ	238—244 n. ,,	,,	1649—1655
,,	201—299 ,, ,,	Megara Attika	1594—1692

Laut	Zeit		Fundort	Jahre bis heute
§ 118. Spiritus asper fehlt	595	v Chr.	Argos	2488
„	528	„ „	Attika	2421
„	474	„ „	Olympia	2367
„	440	„ „	Pelopon.	2333
„	436—404	„ „	Attika	2329—2297
„	398	„ „	Attika	2291
„	317	„ „	„	2210
§ 119 Temis statt aspirata	595	v. Chr.	Phokis	2488
„	410	„ „	Attika	2303
„	334	„ „	„	2227
„	330	„ „	„	2223
„	319	„ „	„	2212
§ 120. $v = \iota$	434—405	v. Chr.	„	227—2298
„	368—328	„ „	„	2261—2221
„	306	„ „	„	2199
„	69— 62	„ „	„	1962—1955
„	190—200	n. Chr.	„	1093—1703

Laut	Zeit	Fundort	Jahre bis heute

§ 121.

$v = o\iota$ 201—299 n. Chr. Megara,
                              Attika 1594—1692

§ 122.

$v =$
lat. v. 118 „ „ Daulis 1775

Dreizehntes Hauptstück.
Chronologische Uebersicht der Laute mit ihrem Alter und dem Fundorte der Inschrift.

§ 123.

Zeit	Laut	Fundort	Jahre bis heute
	Aspirata f.		
595 v. Chr.	tenuis	Argos	2483
„ „ „	„	Attika	„
„ „ „	$\varepsilon\iota = \iota$	Korinth	„
„ „ „	$\iota = \varepsilon\iota$	Attika	„
„ „ „	Tenuis für aspirata	Phocis	„
	Spir. asper		
528 „ „	fehlt	Attika	2421
474 „ „	„	Olympia	2367
460 „ „	$\varepsilon = \alpha\iota$	Attika	2353

Zeit	Laut	Fundort	Jahre bis heute
450—440 v. Chr.	" "		2343—2333
" " "	$\iota = \upsilon$	Attika	"
	Spir. asper		
" " "	fehlt	Pelopon.	"
	Aspirata f.		
493 " "	tenuis	Attika	2332
	Spir. asper		
436—404 " "	fehlt	"	2329—2297
434—405 " "	$\upsilon = \iota$	"	2327—2298
432—413 " "	$\varepsilon\iota = \iota$	"	2325—2306
428 " "	$\iota = \varepsilon\iota$	"	2321
422 " "	$\eta = \iota$	"	2315
" " "	$\iota = \eta$	"	"
	Aspirata f.		
420 " "	tenuis	"	2313
410 " "	"	"	2303
409 " "	"	"	2302
" " "	$\varepsilon\iota = \iota$	"	"
	Spir. asper		
398 " "	fehlt	"	2291
368—328 " "	$\upsilon = \iota$	"	2261—2221
" —324 " "	$\iota = \upsilon$	"	" —2217
367 " "	$\iota = \varepsilon\iota$	"	2260
350 " "	$\eta = \iota$	"	2243

Zeit	Laut	Fundort	Jahre bis heute
	Aspirata f.		
349—344 „	„ tenuis	„	2242—2259
344 „	„ $\iota = \eta$	„	2239
334 „	„ „	„	2227
	Tenuis für		
„ „	„ aspirata	„	„
333 „	„ $\iota = \varepsilon\iota$	„	2226
330 „	„ „	„	2223
	Tenuis für		
„ „	„ aspirata	„	„
329 „	„ „	„	2222
325 „	„ $\iota = \varepsilon\iota$	„	2218
322 „	„ „	„	2215
321 „	„ $\iota = \eta$	„	2214
320 „	„ $\iota = \varepsilon\iota$	„	2213
„ „	„ $\iota = \upsilon$	„	„
	Tenuis für		
319 „	„ aspirata	„	2212
„ „	„ $\iota = \varepsilon\iota$	„	„
	Spir. asper		
317 „	„ fehlt	„	2210
316—304 „	„ $\eta = \iota$	„	2209—2197
306 „	„ $\upsilon = \iota$	„	2199
304 „	„ $\iota = \eta$	„	2197

Zeit	Laut		Fundort	Jahre bis heute
	Aspirata f.			
300 v.Chr.	tenuis		Attika	2193
300 „	„	ι = ει	„	2193
295 „	„	„	„	2188
294 „	„	„	„	2187
292 „	„	„	„	2185
287—281 „	„	αι = ae, e	Macedonien	2180—2174
287—281 „	„	ει = ι	Attika	2180—2174
287—281 „	„	ι = ει	„	2190—2174
271 „	„	„	„	2164
	Aspirata f.			
270—268 „	„	tenuis	„	2163—2161
200 „	„	η = ι	Nisyros	2093
78 „	„	αι = ae, e	Rom	1971
78 „	„	ει = ι	Megara	1971
69—62 „	„	„	Attika	1962—1955
69—62 „	„	υ = ι	„	1962—1955
48—42 „	„	αι = ae, e	Megara	1941—1935
39 „	„	η = ι	Stratonike	1932
38—32 „	„	ι = ει	Attika	1931—1925
31 „	„	„	Mytilene	1924
12 „	„	β lat. v	Megara	1905
12 „	„	ει = ι	Attika	1905

Telfy, Chronologie.

§ 124.

Zeit	Laut	Fundort	Jahre bis heute
38 n. Chr.	$\alpha\iota =$ ae	Kyzikus	1855
53 „ „	$\beta =$ lat. v	Attika	1840
71 „ „	$\alpha\iota =$ ae, e	Neapel	1822
89 „ „	$\beta =$ lat. v	Olympia	1804
96 „ „	„	Attika	1797
101—200 „	$\alpha\iota =$ ae, e	Attika, Boeotien, Megara	1792—1693
110 „ „	$\epsilon\iota = \iota$	Attika	1783
116 „ „	β lat. v	„	1777
117 „ „	$\epsilon\iota = \iota$	„	1776
117—134 „ „	$\epsilon = \alpha\iota$	„	1776—1759
118 „ „	$\epsilon\iota = \iota$	Daulis	1775
„ „ „	$v =$ lat. v	„	1775
134 „ „	$\alpha\iota =$ ae, e	Rom	1759
„ „ „	$\epsilon\iota = \iota$	„	„
138 „ „	$\alpha\iota =$ ae, e	Attika	1755
140 „ „	„	Rom	1753
140 „ „	$\epsilon\iota = \iota$	Gortyn	1753
140—162 „ „	„	Attika	1753—1731
146—148 „ „	$\epsilon = \alpha\iota$	„	1747—1745
146—148 „ „	$\alpha\iota = \epsilon$	„	1747—1745
150 „ „	$\iota = \eta$	„	1743
155—157 „ „	$\epsilon = \alpha\iota$	„	1738—1736

Zeit	Laut	Fundort	Jahre bis heute
157 n. Chr.	β = lat. v	Praeneste	1736
165—185 „	„ $\varepsilon = \alpha\iota$	Attika	1728—1708
170 „	„ $\iota = \varepsilon\iota$	Neapel	1723
170—172 „	„ β = lat. v	„	1723—1721
170—173 „	„ $\eta = \iota$	Attika	1723—1720
174 „	„ $\varepsilon\iota = \iota$	Puteoli	1719
174—178 „	„ $\alpha\iota$ = ae, e	Attika	1719—1715
180 „	„ $\varepsilon = \alpha\iota$	„	1713
„ „ „	„ $\iota = \varepsilon\iota$	„	„
184—188 „	„ $\iota = \alpha\iota$	„	1709—1705
190 „	„ $\varepsilon = \alpha\iota$	„	1703
190—200 „	„ $v = \iota$	„	1703—1693
201—299 „	„ $\varepsilon = \alpha\iota$	„	
		Boeotien	1692—1594
„ „ „	„ $\eta = \iota$	Attika	
		Megara	„ „
„ „ „	„ $\iota = \eta$	„	„ „
„ „ „	„ $o\iota = v$	„	„ „
„ „ „	„ $v = o\iota$	„	„ „
210 „	„ $\alpha\iota$ = ae, e	Attika	1683
211—299 „	„ „	Boeotien	
		Megara	1682—1594
217—230 „	„ $\varepsilon = \alpha\iota$	Attika	1676—1663
236 „	„ β lat. v	„	1657
238—244 „	„ $\varepsilon = \alpha\iota$	„	1655—1649

Zeit	Laut	Fundort	Jahre bis heute
238–244 „	„ $οι = υ$	Attika	1655—1649
250 „	„ $ε = αι$	„	1643
262 „	„ „	„	1631
308 „	„ $β$ lat. v	Tegea	1585
„ „	„ $ει = ι$	„	„
309—392 „	„ $αι =$ ae, e	„	1584—1501
„ „ „	„ $ε = αι$	„	„ „
362—384 „	„ $αι =$ ae, e	Gortyn	1511—1509
392 „	„ $η = ι$	Pisaurum	1501
„ „	„ $ι = η$	„	„

Vierzehntes Hauptstück.

Topographische Uebersicht der Laute und ihres Alters.

---

§ 125.

Fundort	Laut	Zeit	Jahre bis heute
	Aspirata für		
Argos	tenuis	595 v. Chr.	2488
Attika	„	„ „ „	„
„	$\iota = \varepsilon\iota$	„ „ „	„
	Spiritus asper		
„	fehlt	528 „	„ 2421
„	$\varepsilon = \alpha\iota$	460 „	„ 2353
„	„	450—440 „	„ 2343—2333
„	$\iota = \upsilon$	440 „	„ 2333
	Aspirata für		
„	tenuis	439 „	„ 2332
	Spiritus asper		
„	fehlt	436—404 „	„ 2329—2297

Fundort	Laut	Zeit	Jahre bis heute
Attika	$v = \iota$	434—405 v. Chr.	2327—2298
„	$\varepsilon\iota = \iota$	432—413 „	2325—2306
„	$\iota = \varepsilon\iota$	428 „	2312
„	$\eta = \iota$	422 „	2315
„	$\iota = \eta$	„ „	„
„	Aspirata für tenuis	420 „	2313
„	„	410 „	2303
„	„	409 „	2302
„	$\varepsilon\iota = \iota$	„ „	„
„	Spiritus asper fehlt	398 „	2291
„	$v = \iota$	368—328 „	2261—2221
„	$\iota = v$	368—324 „	2261—2217
„	$\iota = \varepsilon\iota$	367 „	2260
„	$\eta = \iota$	350 „	2243
„	Aspirata für tenuis	349—344 „	2242—2239
„	$\iota = \eta$	344 „	2239
„	$\iota = \eta$	334 „	2227
„	Tenuis für aspirata		
„	$\iota = \varepsilon\iota$	333 „ „	„ 2226
„	Tenuis für aspirata	330 „	2223
„	$\iota = \varepsilon\iota$	„ „	„
„	Tenuis f. aspirata	329 „	2222

Fundort	Laut	Zeit	Jahre bis heute
Attika	$\iota = \varepsilon\iota$	325 v. Chr.	2218
„	„	322 „ „	2215
„	$\iota = \eta$	321 „ „	2214
„	$\iota = \varepsilon\iota$	320 „ „	2213
„	$\iota = \upsilon$	„ „ „	„
„	$\iota = \varepsilon\iota$	319 „ „	2212
„	Tenuis für aspirata	„ „ „	„
„	Spiritus asper fehlt	317 „ „	2210
„	$\eta = \iota$	316—304 „ „	2209—2201
„	$\upsilon = \iota$	306 „ „	2199
„	$\iota = \eta$	304 „ „	2197
„	Aspirata für tenuis	300 „ „	2193
„	$\iota = \varepsilon\iota$	„ „ „	„
„	„	295 „ „	2188
„	$\iota = \upsilon$	294 „ „	2187
„	$\iota = \varepsilon\iota$	292 „ „	2185
„	$\varepsilon\iota = \iota$	287—281 „ „	2180—2174
„	$\iota = \varepsilon\iota$	„ „ „ „	„
„	„	271 „ „	2164
„	Aspirata für tenuis	270—268 „ „	2163—2161
„	$\varepsilon\iota = \iota$	69—62 „ „	1962—1955

Fundort	Laut	Zeit	Jahre bis heute
Attika	$v = \iota$	69—62 v. Chr.	1962—1955
„	$\iota = \varepsilon\iota$	38—32 „ „	1931—1925
„	$\beta =$ lat. v	12 „ „	1905
„	„	53 n. Chr.	1840
„	„	96 „ „	1797
„	$\alpha\iota =$ ae,e	101—200 „ „	1792—1693
„	$\varepsilon\iota = \iota$	110 „ „	1783
„	$\beta =$ lat. v	116 „ „	1777
„	$\varepsilon\iota = \iota$	117 „ „	1776
„	$\varepsilon = \alpha\iota$	117—134 „ „	1776—1759
„	$\alpha\iota =$ ae,e	138 „ „	1755
„	$\varepsilon\iota = \iota$	140—162 „ „	1753—1731
„	$\varepsilon = \alpha\iota$	146—148 „ „	1747—1745
„	$\alpha\iota = \varepsilon$	„ „ „ „	„ „
„	$\iota = \eta$	150 „ „	1743
„	$\varepsilon = \alpha\iota$	155—157 „ „	1738—1736
„	$\varepsilon = \alpha\iota$	165—185 „ „	1728—1708
„	$\eta = \iota$	170—173 „ „	1723—1721
„	$\alpha =$ ae,e	174—178 „ „	1719—1715
„	$\varepsilon = \alpha\iota$	180 „ „	1713
„	$\iota = \varepsilon\iota$	„ „ „	„
„	$\varepsilon = \alpha\iota$	184—188 „ „	1709—1705
„	„	190 „ „	1703
„	$v = \iota$	190—200 „ „	1073—1693
„	$\varepsilon = \alpha\iota$	201—299 „ „	1692—1594

Fundort	Laut	Zeit	Jahre bis heute
Attika	$\iota = \eta$	201—299 n. Chr.	1692—1594
„	$o\iota = v$	„ „ „	„ „
„	$v = o\iota$	„ „ „	„ „
„	$a\iota =$ ae, e	210 „ „	1683
„	$\varepsilon = a\iota$	217—230 „ „	1676—1663
„	$\beta =$ lat. v	236 „ „	1657
„	$\varepsilon = a\iota$	238—244 „ „	1655—1649
„	$o\iota = v$	„ „ „	„ „
„	$\varepsilon = a\iota$	250 „ „	1643
„	„	262 „ „	1631

§ 126.

Boeotien	$a\iota =$ ae, e	101—200 „ „	1792—1693
„	„	201—299 „ „	1682—1591
„	$\varepsilon = a\iota$	309—392 „ „	1584—1501
Daulis	$\varepsilon\iota = \iota$	118 „ „	1775
„	$v =$ lat. v	„ „ „	„
Dodona	$\varepsilon\iota = \iota$	342—326 v. Chr.	2235—2219
Gortyn	$a\iota =$ ae, e	382—384 n. Chr.	1511—1509
Halaesa	$\varepsilon\iota = \iota$	149—146 v. Chr.	2012—2039
Korcyra	„	140 n. Chr.	1753
Korinth	„	595 v. Chr.	2488
„	$\iota = \varepsilon\iota$	„ „ „	„
Kyzikas	$a\iota =$ ae, e	38—44 n. Chr.	1855—1849
Macedonien	„	287—281 v. Chr.	2180—2174
Megara	$\varepsilon\iota = \iota$	149—146 „ „	2012—2039

Fundort	Laut	Zeit	Jahre bis heute
Megara	αι = ae,e	48—42 v. Chr.	1941—1935
,,	ει = ι	,, ,, ,, ,,	,, ,,
,,	αι = ae,e	101—200 n. Chr.	1792—1693
,,	η = ι	201—299 ,, ,,	1692—1591
,,	ι = η	,, ,, ,, ,,	,, ,,
,,	οι = υ	,, ,, ,, ,,	,, ,,
,,	υ = οι	,, ,, ,, ,,	,, ,,
,,	αι = ae,e	211—299 ,, ,,	1682—1591
,,	ε = αι	309—392 ,, ,,	1584—1501
Mytilene	ει = ι	62 v. Chr.	1955
Myfasia	ι = ει	31 ,, ,,	1924
Neapel	αι = ae,e	71 n. Chr.	1882
,,	β = lat. v	170—172 ,, ,,	1723—1721
,,	ι = ει	,, ,, ,, ,,	,, ,,
Nisyros	η = ι	200 v. Chr.	2193
	Spiritus asper		
Olympia	fehlt	474 v. Chr.	2367
,,	β = lat. v	89 n. Chr.	1864
	Spiritus asper		
Peloponnes	fehlt	44 v. Chr.	1937
	Tenuis für		
Phocis	aspirata	595 ,, ,,	2488
Pisaurum	ι = ει	392 n. Chr.	1501
,,	ι = η	,, ,, ,, ,,	
Praeneste	β = lat v	157 ,, ,,	1736

Fundort	Laut	Zeit	Jahre bis heute
Poteoli	$\varepsilon\iota = \iota$	174 n. Chr.	1719
Rom	$\alpha\iota = $ ae, e	78 v. Chr.	1971
„	„	134 n. Chr.	1779
„	$\varepsilon\iota = \iota$	„ „ „	„
„	$\alpha\iota = $ ae, e	140 „ „	1753
Stratonike	$\eta = \iota$	39 v. Chr.	1932
Tegea	$\beta = $ lat. v.	308 n. Chr.	1585
„	$\varepsilon\iota = \iota$	„ „ „	„
Teos	„	195 v. Chr.	2088

Fünfzehntes Hauptstück.

Schluss.

§ 127. Gegen die bisher angeführten Belege gibt es keine Appellation an ein höheres Forum der Wissenschaft. Das höchste Forum zu diesem Processe ist die griechische Epigraphik. Die von den Erasmianern bestrittenen Laute des Griechischen sind, wie wir sahen, seit 1500, 2000, 2488 Jahren noch immer bei den heutigen Griechen dieselben, während die erdachte erasmianische Aussprache kaum vierhundert Jahre alt ist. Folglich haben die Erasmianer kein Recht zu behaupten, dass ihre Aussprache die altgriechische sei.

§ 128. Wissenschaftliche Beweise für das

altgriechische Wesen der erasmianischen Aussprache sind nicht aufzubringen; am wenigsten aber durch die vergleichende Sprachwissenschaft, deren Koryphäen in sehr vielen wichtigen Fragen uneinig sind. Darum berufen sich sowohl Erasmianer als auch Reuchlinianer so oft auf die vergleichende Sprachwissenschaft, um ihren Standpunkt zu verteidigen. Und welche erasmianische Aussprache soll von der vergleichenden Sprachwissenschaft als Siegerin erklärt werden? Vielleicht diejenige der Norddeutschen, der Süddeutschen, der Engländer, der Franzosen, der Italiener, der Ungarn, oder der Slaven?

§ 129. Es ist also handgreiflich, dass die mit einander kämpfenden sprachvergleichenden Hypothesen in dieser Frage kein entscheidendes Urteil fällen können. Darum haben es besonnene Erasmianer seit jeher eingestanden, dass ihre Aussprache wissenschaftlich nicht begründet sei, und begnügten sich damit, ihr nur aus didaktischer Rücksicht den Vorzug zu geben; indem es für den Schüler leichter sei, die Buchstaben so wie sie geschrieben sind, auszusprechen. Nach dieser Theorie müsste aber der Schüler auch das Englische, Französische, Holländische, Italienische so aussprechen, wie es geschrieben steht.

Wir misstrauen also den vielgestaltigen erasmianischen Hypothesen, und halten uns an die unzweideutige Aussage der griechischen Inschriften. **Saxa lqouuntur.**

Index.

Die Nummern bedeuten Paragraphen.

Αβτεωδορας = Ἀβαιώδορας 36.
Ἀγαμέμνων 7.
Αγριππηα = Ἀγρίππια 71.
αγαθει = ἀγαθῇ 35.
achäische Kolonien 11.13.
ιε = αι 36.
ἄειδε 1.
Aegina 15.
Aeolien 7.
Αεσγρωνδας = Αἰσχώνδας 36.
αϜυτο = αὐτοῦ 1.
Αθεναζε = Ἀθήναζε 20.
Αθηνέος = Ἀθηναῖος 99.
αι = ae 40, 73, 74, 79, 81, 84, 93, 100, 104.
αι = ε 18, 63, 71, 79, 82, 85, 90, 95, 104, 105, 108.
Αἴλιος = Aelius 85.
Αἰμίλιος = Aemilius 73.
ακοσια = ἀκούσια 19.
ακροπολη = ἀκροπόλει 51.
αλιευσιν = ἁλιεῦσιν 25.
Alkäus 13.
Alkman 13.
Ἀλκμεονίδης = Ἀλκμαιονίδης 18.
ἀλύσε = ἀλύσει 35.
αμ = ἄν 20.
αμαξήποδα = ἁμαξίποδα 56.
Ἀμφικτύονες = Ἀμφικτίονες 41.
ἀναβαζμός = ἀναβασμός 52
ἀναίθηκε = ἀνέθηκε 105.
Anakreon 13.
ἀνεθέθη = ἀνιτέθη 23.
Ἀντωνεῖνος = Ἀντωνῖνος 85.
ἄνυξε = ἀνοίξαι 101
Ἀνφιτρίταν 12.
απθιτον = ἄφθιτον 12.
απιμι = ἄπειμι 64.
απλει = ἁπλῇ 19.
αποβαλιν = ἀποβαλεῖν 76.
αποδοναι = ἀποδοῦναι 23.31.
αποδωσεν = ἀποδώσειν 51.
αποτεισαι = ἀποτῖσαι 27.
Ἀπρειλιων = Ἀπριλίων 80.
Archiloch 13.
Argolis 31.

— 80 —

Argos 6. 13.
αργυρος = άργυροῦς 31. 38.
Αρεοπάγου = Ἀρείου πάγου 58.
αρετις = ἀρετῆς 58.
Ἀριστίδου = Ἀριστείδου 51.
Ἀριστηχμος = Ἀρίσταιχμός 59.
Ἀριστοκρατος = Ἀριστοκράτους 33.
αργεν = ἄργειν 19.
Aspirata statt Tenuis 12, 20, 28, 31, 33, 47, 51, 55, 59, 61, 109.
Αταλατη = Ἀταλάντη 3.
Attika 5, 6, 13, 18, 23, 28, 31, 33, 47, 51, 54—59, 77, 79, 80, 82—96, 98 bis 101, 103, 105, 106.
αϝερύω = αϝερύω 1.
αὐλαγος = αϝλαγος 1.
Αὐλεαται = Αὐλαιᾶται 20.
αυτει = αὐτῇ 33.
αυτο = αὐτοῦ 18.
αφειδρυμα = ἀφίδρυμα 77.
αφειετω = ἀφιέτω 74.
αφειλτηφότες = ἀπειλτηφότες 33.
Αφιτριταν = Ἀνφιτρίταν 12.

β = F 5.
β = lateinisches v 77, 80 bis 82, 84, 87, 97, 103, 110.
βαθρο = βάθρου 38.
Βαλέριος = Valerius 87.
Βενυστος = Venustus 80.
Βεργίλιος = Vergilius 81.
Βῆρος = Verus 97.
Βησεεὺς = Βησαιεὺς 87, 98.
Boeotien 40, 71, 93, 101.
βολε = βουλῇ 24, 31.

βολες = βουλῆς 33.
βολευοι = βουλεύοι 17.
βολει = βουλῇ 35.
βραβιον = βραβεῖον 89.
βυβλιοθηκη = βιβλιοθήκη 73.
βυβλιον = βιβλίον 73.
βυβλος = βίβλος 73.

γ statt κ 35.
γείνεσθαι = γίνεσθαι 70.
γεισηπους = γεισίπους 56.
Γλαυκιππο = Γλαυκίππου 23.
Gortym 104.
γραμματεον = γραμματεῖον 50.

δ stat θ 51.
Daulis 84.
δεκατει = δεκάτῃ 34.
Dekelia 39.
Delos 31.
δεμο = δήμου 33.
δεμοι = δήμῳ 31.
Deutsch n. phonetisch 121.
δηαγγειλαι = διαγγεῖλαι 66.
διερισματα = διερείσματα 44.
διερραγυας = διερραγυία 52.
ΔιFί = Διί 9.
Digamma 1, 7, 9, 11, 14, 16, 31—40.
Διομαιεις = Διομεεῖς 85.
Διονυσιο = Διονυσίου 43.
Διοτειμου = Διοτίμου 77.
Διοφειτου = Διοπείθου 55.
διπλει = διπλῇ 19.
Διυλλοι = Διύλλῳ 33.
Dodona 49.
δωρεα = δωρειά 49.

ε = αι 18, 20, 22, 84, 86 bis 89, 91, 92, 93, 99, 101. 105. 111.

ε = ει 1, 6, 8, 10—12, 14,
16, 17, 19—21, 31, 33,
35, 39—41, 43, 44, 47
bis 55, 58.
ε = η 1, 10, 11, 15—20,
22, 31, 40.
ε = ι 12.
εγλοτηριον = ἐκλουτήριον 35.
εγραιω = ἔγρεο 92.
εδογσιν = ἔδοξιν 31.
εθεθην = ἐτέθην 12.
ει = ε 12, 19, 31, 33.
Sieh ε = ει.
ει = η 19, 31, 33, 49, 71.
ει = ι 27, 49, 63, 70—74,
77, 80, 81, 84, 85, 90,
103, 112.
ειδον 1.
ειδω 56.
ειδωλον 1.
ειπον 1.
ειται = εἴτε 105.
Ειφεστιάδης = Ἰφεστιάδης 71.
εκαστοι = ἑκάστῳ 31.
ἕκαστος 1.
εκατομβεν = ἑκατομβήν 33.
Εκατομβεώνα = Ἑκατομβαιώνα 98.
εκγονος = ἐκγόνους 41.
εκκοψε = ἐκκόψῃ 17.
εκυμιθη = ἐκοιμήθη 105.
ἐλεῖν 1.
Ελεουσιοι = Ἐλαιούσιοι 88, 89, 92.
ελθοσαν = ἐλθοῦσαν 20.
Ελιαιαν = Ἡλιαίαν 20.
Ἕλις 14.
ελλειπι = ἐλλείπει 55.
ελλενοταμιαις = ἑλληνοταμίαις 34.

εμεραι = ἡμέρα 33.
εμι = εἰμί 10, 31.
εναι = εἶναι 20, 41.
ενατει = ἐνάτῃ 33.
ενει = ἔνῃ 34.
ενεκα = ἕνεκα 55.
Englisch nicht phonetisch 102.
ενθαυθοι = ἐνταυθοῖ 23.
ενιαυτο = ἐνιαυτοῦ 18.
ενοικοντων = ἐνοικούντων 41
εξενεγκεν = ἐξενεγκεῖν 43.
επεστατε = ἐπεστάτῃ 25.
επεστατε = ἐπεστάτει 31.
επιδη = ἐπειδή 75.
επιδικνυμενον = ἐπιδεικνύμενον 75.
επικροτια = ἐπικράτεια 55.
επιμελεας = ἐπιμελείας 58.
Ερεγδειδος = Ἐρεχθηΐδος 18.
Ερχαιευς = Ἐρχεεύς 82, 85, 86.
ετερον = ἕτερον 33.
Enklid 35.
ευορκουτι = εὐορκοῦντι 39.
ευορχουντι = εὐορκοῦντι 59.
εφσεφιστο = ἐψήφιστο 31.
εχ = ἐκ 33.
εχς = ἐξ 25, 34.
εχσαλειψατο = ἐξαλείψατο 31.
εγυρασουσιν = ἐγυράζουσιν 50.

Fαργον 7.
Fίπος 7.
Fεργαενετος = Fεργαίνετος 36.
Fετεα 7.
Französisch nicht phonetisch 102.

— 82 —

ζ = σ 52, 69, 79, 97.
ζευγε = ζεύγει 38.
ζμαραγδος = σμάραγδος 79.
Σμυρναιος = Σμυρναῖος 69.
Η = Spiritus asper 1, 6, 10, 16, 31.
η = αι 40, 59.
η = ει 42, 51, 105.
η = ι 47, 16, 66, 71, 75, 89, 101, 105, 113.
ημισεαν = ήμίσειαν 48.
ημυσυ = ήμισύ 41.
Ηραχλης = Ἡράκλεια 74.
ηρηνι = εἰρήνῃ 105.
Ηερμες = Ἑρμῆς 10.
ΗεΩτορ = Ἕκτωρ 1.
ήσαν 56.
ήσαν 66.
ησελευσοντε = εισελευσονται 105.
Ηφιστιαδων = Ἰφιστιαδῶν 30.
θ = τ 23, 47, 51, 64.
θεματειτις = θεματίτις 71.
θήρ 22.
Ητσεου = Θησείου 52.
Θριες = Θρίης 10.
θροφος = τροφός 12.
Θυσινι = Θυαίνῃ 49.
Halaesa 71.
Hermione 31.
Hesiod 13.
Homer 1, 13.

ι = ε 12.
ι = ει 6, 12, 29 41, 51 bis 55, 59, 61—64, 75, 76, 89, 91.
ι = η 30, 36, 49, 54, 58, 86, 101.
ι = υ 22, 26, 41, 55, 61.
ιερεσι = ἱερῆσι 22.

ιερονειχῶν = ἱερυνικῶν 84.
ικονος = εἰκόνος 62.
ισεπραζε = εἰσέπραζε 64.
ισιτηρια = εἰσιτήρια 75.
Italienisch nicht phonetisch 102.
Ιφαιστιαδων = Ἡφαιστιαδῶν

κ = χ 20, 51, 55.
κάγώ 22.
καθειληφοτες = κατειληφότες 64.
καιχλυτι = κέκλυθι 92.
Καῖσαρ = Caesar 79, 81, 84, 85, 93, 100, 104.
Καισαρηα = Καισαρια 71.
Kaiser 22.
κἀκεῖνος 22.
καλκουν = χαλκοῦν 55.
Καλλινεικου = Καλλινίκου 71.
Καλουησιω = Calvisio 75.
Καλυηδονιοι = Χαλκηδόνιοι 20.
κἄν 22.
κᾶς 22.
Κασσανδραίων = Κασσανδρέων 63.
καταπθιμενης = καταφθιμένης 12.
κατεαγυα = κατεαγυια 41, 46.
κάτσι = κάθισι, καθησι 65.
κεί 22.
κείς 22.
κενο = κείνου 17.
Kesar 22.
Keser 22.
κεται = κεῖται 39.
κιθωνισκος = χιτωνίσκος 51.
Κινδυης = Κύνδυης 22.
κλέφτης = κλέπτης 65.

κόζμῳ — κοσμῳ 97.
Kolophon 2.
Κόμαρχο — Κωμάρχου 34.
Κωνσταντεΐνος = Κωνσταντῖνος 103.
Koppa 1, 7, 9, 11, 14.
Koreyra 5.
Korinth 5, 13.
Kos. 71.
Kratylos 56.
κρεινω = κρίνω 84, 85.
Kreta 7, 13.
Kumae 12.
κυμητηριον = κοιμητήριον 101.
Kyzikus 79.

Λειβία — Livia 74.
λείπειν 1.
λιθίνει = χιθίνη 35.
λιθο — λίθου 31.
λογιστον — λογιστῶν 31.
λοιπο — λοιπου 17.
Λυχομιδης — Λυχομήδης 86.
Λυσείου = Λυσίου 63.
Λυσιθεοι = Λυσιθέῳ 34.

μ — ν vor β 29.
μ vor φ weggelassen 3, 12.
μ vor ψ weggelassen 39.
Magnesia 77.
Macedonien 63.
Μαξειμος — Maximus 81.
Megara 71, 74, 93, 100, 101.
Μελησανδρου = Μελισάνδρου 47.
μελεδαινεν — μελεδαίνειν 8.
Melos 6, 13.
Μεμαχτηριῶνα = Μαιμακτηριῶνα 96
μενος — μηνός 19.
Μεχανιων — Μηχανίων 18.

Mimnermus 13.
μισθοντα — μισθοῦντα 8.
μιστος = μισθός 65.
Μουνιχος = Μουνυχος 26, 41.
Μουνυγιών — Μουνιχιών 57. 61, 84, 93.
Mylasia 76.
Mytilene 74.

ν vor τ weggelassen 39.
Naxos 14.
Neapel 80, 89.
Νειχανδρος = Νίχανδρος 49.
Νειχαρετος — Νιχάρετος 85.
νειν — ναίειν 92.
Νέρβα — Nerva 82.
Νιχεα = Νικαία 99.
Νιχηος = Νικαίος 59.
Νιχηρατο = Νιχηράτου 38.
Nisyrus 66.
Νουέμβριος = November 84.
νυμ = νῦν 20.
νυφαι, νυφης = νύμφαι, νύμφης 3.

ο = ὁ 16.
οδέν = οὐδέν 1.
ο = οι 30.
ο = ου 1, 2, 6—8, 11, 14 bis 20, 23, 28, 31, 39 bis 41, 43, 49, 58.
ο = ω 1, 2, 6, 7, 9, 11, 14 bis 16, 18, 19, 31, 40.
οι = οε 79, 90, 106.
οι = οι 38.
οι = υ 65, 98, 101.
οιαλα = θαλά 101.
οις = οἷς 25, 31.
Ολυμπεια = Ὀλύμπια 84, 85.

Olympia 9, 16, 80.
οπτανιον = ὀπτανεῖον 52.
αργυας = ὀργυιάς 52.
ορFος = ὄρβος 1.
οὐδέν 1.
οφελομενα = ὀφειλόμενα 25, 31.
οφιδιον = ὀφείδιαν 54.
οχτώ = ὀκτώ 65.

Παναθεναιον = Παναθηναίων 34.
παρειληφυα = παρειληφυία 54.
Paros 14.
ΠαQον 7.
πατήρ 71.
Πεανιεων = Παιανιέων 92.
Πειρεευς = Πειραιεύς 89, 92.
Peloponnes 22.
πεντελειχα = πεντελικά 33.
Phocis 93.
Περαιεύς = Πειραιεύς 1.
Πιρεεύς = Πειραιεύς 91.
Pisaurum 161.
Plataea 16.
Plato 56.
Πλατεαις = Πλαταιαῖς 84.
ποει = ποιεῖ 30.
Ποιανεψιών = Πυανεψιών 98.
πολες = πόλεις 25.
πολη = πόλει 42.
πολιτεαν = πολιτείαν 47, 49.
Ποσιδιον = Ποσείδιον 29.
Ποτιδεν = Ποτειδᾶν, Ποτιδᾶν 12.
Ποτιδεα = Ποτίδαια 22.
Praeneste 87.

Πραιτάριος = Praetorius 104.
Πρασιτελειδει = Πρασιτελείδῃ 33.
Προβαλεισιος = Προβαλίσιος 73.
προνειοι = προνηίῳ 34.
προτερον = προτέρων 34.
πρυτανεα = πρυτανεία 51.
πρυτανες = πρυτάνεις 31.
Puteoli 90.
ρεινός = ῥινός 71.
Ρεξανορ = Ῥηξάνωρ.
Rhodus 2.
Ροιμηταλκος = Rhoemetalcas 79, 106.
Rom 73, 84, 85, 97.
σ = ζ 50.
Σαιδιος = Σέδιος 95.
Σαλεινάτορι = Salinatori 84.
Σαμο = Σάμου 33.
Sanskrit 22.
Sappho 13.
Schrift nicht phonetisch 1—4, 10, 11, 13—15, 17, 19, 21, 85, 37, 38, 60, 67, 72, 78, 81, 94, 102.
Σέρβιος = Servius 77.
Σευς = Ζεύς 50.
Σιβυλλα = Σίβυλλα 55.
σιμα = σῆμα 36.
σιτοπομπια = σιτοπομπεία 53.
σχιζω = σχίζω 65.
Solon 13.
Σονιαδο = Σουνιάδου 33.
σπερας = σπείρας 25.
Spiritus asper fehlt 6, 10, 16, 22, 25, 31, 33, 34.
σπονδον = σπονδῶν 19.

στεφανειτων = στεφανιτῶν 84.
στελει = στήλη 31.
στηλει = στήλη 35.
στρατεγον = στρατηγῶν 18.
Stratonike 75.
στρατοπαιδον = στρατόπεδον 105.
συβινη = συβήνη 80.
συμμειχτον = συμμιχτον 38.
συμφεριν = συμφέρειν 59.
Syphnos 14.
Σφιξ = Σφίγξ 3.

τ = θ 92.
ταμιον = ταμιῶν 31.
Tanagra 36.
Tegea 103.
τει = τῇ 35.
Τειμων = Τίμων 85.
τελεος = τέλειος 21.
Τελεστηος = Τελεσταῖος 59.
τεν = τήν 20.
Tenuis statt aspirata 12, 20, 33, 51, 55, 92.
Teos 2, 17, 68.
τες = τῆς 33, 39.
τημ = τήν 29, 32.
Thasos 14.
Theben 59.
Theognis 13.
Thera 1.
Thessalien 71.
τινδε = τήνδε 36.
το = τοῦ 17—19, 33.
τοι = τῷ 31, 34.
τον = τῶν 31, 33.
τοσοτοι = τοσοῦτοι 59.
τοτο = τοῦτο 34.
τοτον = τούτων 34.
τουτο = τούτου 32.

Τρινεμαιευς = Τρινεμεεύς 90.
τριτει = τρίτη 33.
τυγχανει = τυγχάνη 49.
Tyrtaeus 13.
τυχει = τύχη 35.
Umbrien 105.
Ungarisch nicht phonetisch 102.
υ = ι 3, 22, 26, 41, 57, 73, 84.
υ = οι 101, 105.
υ = lateinisch v 84.
υ = οι 12, 33, 41, 42, 45, 46, 52, 54, 66, 71.
υ als ü ist aus den Inschriften nicht erweisbar 13, 37, 60, 67, 72, 78, 94, 102.
υεις = υἱεῖς 33.
υκετηριον = οἰκετήρων 101.
υλιν = ὅλην 54.
υμειν = ὑμῖν 68, 77, 84.
υον = υἱόν 52, 66, 73.
υος = υἱός 12, 52, 71, 73.
υου = υἱοῦ 52, 66.
υπεδιξεν = ὑπέδειξεν 76.
υπουργοις = ὑπουργοῖς 28.

φ statt π 12, 51, 55.
φαρθενος = παρθένος 12.
φεδιμον = φαίδιμον 105.
Φερσεφονη = Περσεφόνη 59.
Φηγεεύς = Φυγαιεύς 86.
φιδακνιον = πιθάκνιον 51.
φιλοτειμουντα = φιλοτιμοῦντα 70.
φιλοτειμως = φιλοτίμως 73.
Φλαβία = Flavia 89.

Φλάβιος = Flavius 82, 83, 89, 103.
Φοινείκη = Φοινίκη 90.
φορο = φόρου 23.
φσ = ψ 31, 33.
φτάνω = φθάνω 65.
χ statt κ 20, 33, 51.
χαλχη = χάλκη 33.
Χαλχηδόνιοι = Χαλκηδόνιοι 20.
Χαρησιος = Χαρίσιος 89.
χερονιπτρον = χειρονειπτρον 35.
χερος = χειρός 38.
χιθωνισκος = χιτωνίσκος 47, 51.

Chios 36.
χιριδια = χειρίδια 61, 63.
χιχετεύετε 22.
χρειματα = χρήματα 71.
χρεματον = χρημάτων 31.
χρηματιζεν = χρηματίζειν 43.
χρυσος = χρυσούς 34, 38.
χσ = ξ 31, 33, 34.
χσυναρχοσι = ξυνάρχουσι 34.

ψηφος = ψήφους 39.

Ωρειθυι = 'Ωρείθυια 42, 45.